ASTROLOGIE

Redaktion: Ina Friedrich,
Mitarbeit: Réka Maret, Wolfgang Mathieu

Printed in the European Union.
ISBN 3-85049-515-9

Vorwort

Seit jeher ist der Mensch von den Sternen fasziniert. Und schon früh merkte er, dass die Himmelskörper einen Einfluss auf die Natur und somit die Ereignisse auf dem Planeten Erde haben. Zum ersten Mal dürfte ihm das aufgefallen sein, als er feststellte, dass der Mond, der ständige Begleiter des blauen Planeten, die Gewässer dazu bringt, anzusteigen und sich wieder zu senken, er also Ebbe und Flut beeinflusst. Im Verlauf von Jahrhunderten, angefangen schon bei den frühesten Kulturen, hat sich die Astrologie neben der Astronomie zu einer ernst zu nehmenden Wissenschaft entwickelt. Die Erfahrungen, die über Jahrtausende gesammelt wurden, haben ermöglicht, dass ein verlässliches System aufgebaut werden konnte, das vielfach erprobt und auch verbessert wurde. So wie die Planeten ihre Wirkung auf die Natur ausüben, so beeinflussen sie auch den Menschen, der ja ein Teil dieser Natur ist. Und da ihre Umlaufbahn gewissen Gesetzmäßigkeiten und Regeln unterworfen ist, macht sich ihr Einfluss auch in Regelmäßigkeiten bemerkbar bei den Menschen, die in derselben Periode geboren sind.

Viele tun die Astrologie als Scharlatanerie ab. Das kommt jedoch nur daher, dass sie in dem Irrglauben leben, die Astrologie erhebe den Anspruch, genaue Voraussagen über Ereignisse in der Zukunft machen zu können. Wer sich näher mit ihr beschäftigt, weiß, dass sie immer nur Tendenzen und auffällige Häufungen von Übereinstimmungen aufzeigt und keineswegs Hellseherei betreiben will.
Die Astrologie soll lediglich eine Art von Lebenshilfe sein,

die es dem Interessierten ermöglicht, mehr über sich selbst und über die Menschen zu erfahren, die ihn umgeben. Vielleicht findet er in ihr die Auflösung für etwas, was ihm bisher ein Buch mit sieben Siegeln war. Er kann sich darüber informieren, was seinen Mitmenschen als grundlegende Charaktereigenschaft zugeschrieben wird, und bringt ihnen dadurch mehr Verständnis entgegen. Er wird zum Beispiel verstehen, wieso er mit dem einen ständig in Streiterein verfällt, mit dem anderen herzhaft lachen kann und den Dritten überhaupt nicht sympathisch findet. Vor großen Entscheidungen, wie zum Beispiel einer Heirat, bietet einem die Astrologie wichtige Anhaltspunkte, ob eine Beziehung mit dem Auserwählten von Dauer sein kann, oder ob das eher unwahrscheinlich ist.

Allerdings darf man nicht den Fehler begehen, die Aussagen der Astrologie als absolute Wahrheit hinzunehmen. Wie gesagt, verrät sie einem nur allgemeine Tendenzen, soll Orientierungshilfe sein und nicht eine Reihe von Anordnungen, die man unbedingt zu befolgen hat. Es gibt viele andere Faktoren, die sich auf den Charakter des Menschen auswirken. So sind auch Menschen, die unter demselben Sternzeichen geboren wurden, natürlich sehr unterschiedlich, und was für den einen der Astrologie zufolge zutrifft, kann für den anderen völlig falsch sein. Die falsche Erwartungshaltung an die Astrologie hat wahrscheinlich auch dazu beigetragen, dass sie von vielen Menschen, die sich für „vernünftig" halten, zum Aberglauben abgestempelt wurde. Wenn man es aber versteht, sie richtig anzuwenden, kann sie wirklich helfen und bietet obendrein noch eine Menge Spaß.

I.

Die Grundlagen

Widder (21. März bis 20. April)

Stier (21. April bis 20. Mai)

Zwillinge (21. Mai bis 21. Juni)

Krebs (22. Juni bis 22. Juli)

Löwe (23. Juli bis 23. August)

Jungfrau (24. August bis 23. September)

Waage (24. September bis 23.Oktober)

Skorpion (24. Oktober bis 22. November)

Schütze (23. November bis 21. Dezember)

Steinbock (22. Dezember bis 20. Januar)

Wassermann (21. Januar bis 19. Februar)

Fische (20. Februar bis 20. März)

Das Tierkreiszeichen gibt an, in welchem der zwölf Abschnitte sich die Sonne zum Zeitpunkt der Geburt gerade befand.

Daneben spielt jedoch auch der Aszendent, der aus der genauen Uhrzeit und dem Ort der Geburt errechnet wird, eine wichtige Rolle. Er verfeinert das Bild, das einem das Sonnenzeichen gibt, weiter.

Das Tierkreiszeichen bietet Erkenntnisse über die grundsätzlichen Charaktereigenschaften eines Menschen, über sein Selbst und die Grundtendenzen in seiner Haltung. Der Aszendent bezeichnet, wie sich der Einzelne aufbauend auf diesen Grundbausteinen verhalten wird.

So kann erklärt werden, wieso Menschen, die im selben Sternzeichen geboren wurden, trotzdem ganz unterschiedliche Reaktionen zeigen können. Bestimmte Eigenschaften können somit durch den Aszendenten ausgeglichen und abgeschwächt, andere wiederum verstärkt und hervorgehoben werden.

Der Aszendent ist jedoch nicht der einzige Faktor, der Einfluss auf das Horoskop nimmt. Die Stellung der Planeten zueinander und noch viele weitere Umstände sind von Bedeutung.

Wenn man darüber mehr wissen möchte, sollte man sich von einem Fachmann ein exaktes persönliches Horoskop erstellen lassen.

II.
Die Elemente

Feuer
Erde
Luft
Wasser

Feuerzeichen (Widder, Löwe und Schütze) sind besonders dynamisch, enthusiastisch und sehr aktiv, drängen immer vorwärts zu neuen Horizonten. Sie glauben an sich selbst und dieser Glaube motiviert sie in ihrem Handeln. Sie können mitunter cholerisch reagieren, sind schnell für etwas zu begeistern und äußerst leidenschaftliche Menschen, die maßlos übertreiben können.

Erdzeichen (Stier, Jungfrau und Steinbock) versprechen Stabilität und Ausdauer. Sie handeln bedächtig, überlegt und ohne Hast. Auch sind sie alle erdverbunden, lieben die Natur und halten sich gern in ihr auf. Sicherheit ist besonders wichtig für sie und sie haben einen außergewöhnlichen Realitätssinn, gepaart mit Geduld und einer ordentlichen Portion Weisheit.

Den Luftzeichen (Zwillinge, Waage, Wassermann) ist gemein, dass sie geistig rege sind, über ein bewundernswertes Abstraktionsvermögen verfügen und ihr Handeln von ihrem Verstand beeinflusst wird. Sie denken in Systemen und verstehen Zusammenhänge, die andere nicht durchschauen. Deshalb sind sie kommunikative Menschen, die Wert auf Gefühl legen. Aber es ist ihnen auch der Drang nach Freiheit, Beweglichkeit und Unabhängigkeit gemein, was bisweilen zu Bindungsängsten führen kann.

Die Wasserzeichen (Krebs, Skorpion und Fische) sind etwas passiv und das Unbewusste kommt bei ihnen besonders zum Tragen. Die Sinne und Gefühle stehen im Mittelpunkt und machen sie zu besonders sensiblen Menschen, die einen Hang zum Mystischen haben. Sie leben intensiv und handeln oft mehr aus dem Bauch heraus als mit Verstand.

III.
Die Wirkung der 10 Planeten

Sonne

Mond

Merkur

Venus

Mars

Jupiter

Saturn

Uranus

Neptun

Pluto

Abschließend soll noch die Wirkung der 10 Planeten auf die einzelnen Tierkreiszeichen skizziert werden:

Die Sonne (Löwe) steht grundsätzlich für Selbsbewusstsein, Göttlichkeit, Würde und Tatendrang.
Positiv: Ehrlichkeit, Großmut, Mut und Führungsstärke.
Negativ: Hochmut, Stolz, Egoismus, Selbstüberschätzung und Eigensinn.

Dem Mond (Krebs) werden das Unbewusste, die Seele, Stimmungen und Launen, Gemüt und Familiensinn zugeschrieben.
Positiv: Taktgefühl, Sensibilität, Verstehen, Hilfsbereitschaft und Freude.
Negativ: Mutlosigkeit, Beeinflussbarkeit, Überempfindlichkeit und Angst.

Der Merkur (Zwillinge, Jungfrau) ist Symbol für Denken und Handeln, für Aktion und Reaktion, den Intellekt sowie den Umgang mit Wörtern.
Positiv: Intelligenz, Beobachtungsgabe, Handeln, Witz und Ideenreichtum.
Negativ: berechnendes Handeln und Denken, List, Lüge und Unachtsamkeit.

Venus (Stier, Waage) steht für Gefühle, Liebe und Erotik, Schönheitssinn, Sympathie und Freundschaft, Vergnügen und Lebenslust.
Positiv: Ausstrahlung, Begabung, Glanz, diplomatisches Handeln.
Negativ: Eitelkeit und Egoismus, Genusssucht, Luxus sowie Verführung.

Den Mars (Widder) zeichnen Energie, Willenskraft, Mut, das Kämpferische, Trieb, Drang und die Vorwärtsbewegung aus.
Positiv: Stärke, Jugendlichkeit, Idealismus und innerer Antrieb.
Negativ: Rücksichtslosigkeit, Fanatismus, Unbeherrschtheit, Zorn und Gewalt.

Jupiter (Schütze) ist das Symbol für Gerechtigkeit, Einsicht, Glaube und Hoffnung, Führungsqualitäten sowie einen gewissen Ordnungssinn.
Positiv: Toleranz, Führungskraft, Großmut und Optimismus.
Negativ: Rechthaberei, Angeberei, Eitelkeit, Hochmut und Vorurteil.

Der Saturn (Steinbock) wird mit dem Konservativen und Bewahren, dem Schicksal und der Tradition, der Einschränkung und Grenzen in Verbindung gebracht.
Positiv: Konzentration, Durchhaltevermögen, Geduld, Vorsicht und Zielsicherheit.
Negativ: Tücke, Schadenfreude, Neid, Rachsucht, Geiz und Gefühllosigkeit.

Uranus (Wassermann) steht für plötzliche Veränderung, das Neue, Revolutionäre, den Umschwung, die unerwartete Eingebung und die Intuition.
Positiv: Schlagfertigkeit, Wissensdurst, geniale Ideen, Blick für das Neue.
Negativ: Unruhe, Wankelmut, Unbeständigkeit und Unzuverlässigkeit, gepaart mit abstrakten Grübeleien.

Dem Neptun (Fische) schreibt man die Inspiration, das Geheimnis, das Instinkthafte, die Sinnestäuschung oder Halluzination und allumfassende Liebe zu.
Positiv: Durchschauungsvermögen, Instinktsicherheit, hellseherische Begabung und Liebenswürdigkeit.
Negativ: Unfassbarkeit, Illusionen, Realitätsverlust, Täuschung, Tendenz zum Lügen.

Pluto (Skorpion) ist schließlich Symbol für den Machtwillen und die Durchsetzungskraft, das Dunkle, das Hervorragen aus dem Üblichen und die Absolutheit.
Positiv: Durchhaltevermögen, Einsatz aller Kräfte, Auffälligkeit.
Negativ: Rücksichtslosigkeit, Unterdrückung und Verlusthinnahme.

Männliche Planeten sind dabei Sonne, Mars, Jupiter und Pluto, weibliche Mond, Venus, Saturn und Neptun. Neutral sind Merkur und Uranus.

IV.
Die Tierkreiszeichen

Widder

(21. März bis 20. April)

WIDDER

(21. März bis 20. April)

Planet: Mars
Element: Feuer
männlich
Farbe: rot
Metall: Eisen
Steine: Diamant, Amethyst, Sardonyx
Zahl: 9

Der energische Widder

Das Charakterbild des Widders entspricht ziemlich genau der Jahreszeit, in die dieses Sternzeichen fällt. Alles in der Natur sprießt, stürmt nach vorn, drängt ans Sonnenlicht. Ebenso energiegeladen strebt der Widder seinen Zielen entgegen und setzt alles daran, seine Pläne zu verwirklichen.

Er ist immer offen für Neues und lässt sich schnell und leicht für eine Sache begeistern. Der Widder ist deshalb auch ein äußerst hilfsbereiter Zeitgenosse, wenn man ihn nur mit den richtigen Argumenten von der Wichtigkeit und der Originalität einer Sache zu überzeugen versteht. Er macht sich dann voller Eifer daran, das gesteckte Ziel zu erreichen als wäre alles seinem eigenen Ideenreichtum entsprungen und manchmal glaubt er das sogar selbst.

Am wichtigsten für ihn ist dabei die Anerkennung seiner Leistungen durch seine Mitmenschen. Um die Aufmerksamkeit der anderen auf sich zu lenken, würde er fast alles tun. Lob ist für den Widder der höchste Verdienst für seine Taten. Dieser Charakterzug mag ihn bisweilen etwas machthungrig erscheinen lassen. Wenn er nämlich einmal das Zepter in der Hand hält, gibt er es nicht so schnell wieder her. Es gefällt ihm, Befehle zu erteilen und zu sehen wie alles und jeder nach seiner Pfeife tanzt. Wenn man ihm dies jedoch vorwirft, kann er das gar nicht verstehen, denn seiner Ansicht nach ist es doch nur von Vorteil, wenn sich die anderen an seine Anweisungen halten und seine Ratschläge befolgen. Davon kann jeder nur profitieren, und damit hat er meistens gar nicht mal so unrecht.

Bei der Durchführung seiner Pläne ist der Widder nämlich äußerst ordentlich und jede Handlung will von ihm genauestens durchdacht sein. Er schätzt die Lage meistens erstaunlich objektiv ein und behält auch in kritischen Situationen einen kühlen Kopf. Dabei geht er den direktesten Weg und steuert ohne Umschweife auf sein Ziel zu.

Nur von Interesse sollte dieses Vorhaben für ihn sein, denn Langeweile ist etwas, das dem Widder zutiefst zuwider ist. Deshalb muss jede Tätigkeit ihren Reiz bis zum Schluss behalten, sonst verfliegt der Schwung und Elan des Widders ebenso schnell, wie er aufgetaucht ist. Das macht dieses Feuerzeichen oft zu einem ungeduldigen Mitmenschen, dem nichts schnell genug gehen kann. Bei seinem Blick für den kürzesten und direktesten Weg ist es ihm völlig unverständlich, dass sich andere etwas mehr Zeit bei einer Entscheidung lassen wollen und sich manches lieber zweimal durch den Kopf gehen lassen.

Hat sich der Widder einmal etwas in den Kopf gesetzt und sich auf ein Konzept und eine Vorgehensweise zur Verwirklichung seiner Pläne festgelegt, ist er nur noch schwer davon abzubringen, was ihm den Ruf eines Dickkopfes eingebracht hat. Er ist dann in solchem Maße überzeugt von der Richtigkeit seiner Thesen, dass jeder, der ihm einen alternativen Weg aufzeigen möchte, von ihm sofort als Verräter und Querulant betitelt wird.

Auf seine Umgebung wirkt der Widder oft etwas kühl und vielleicht auch arrogant. Er hält nicht viel von Gefühlsduselei und sagt offen und ehrlich, was er denkt. Will man eine wirklich aufrichtige Meinung über etwas hören, dann sollte man immer einen Widder fragen. Das heißt aber auch, dass man von ihm wenig Fingerspitzengefühl erwarten kann. Er wird einem seine Ansichten ohne Umschweife und verschleiernde Schnörkel kundtun, was nicht selten verletzend wirken kann. Er sieht es einfach als seine moralische Pflicht an ehrlich zu sein und da kann er auf die Gefühle anderer nicht immer Rücksicht nehmen.

Sein Bedürfnis nach Offenheit und Ehrlichkeit macht ihn zu einem treuen Freund solange man sein Vertrauen nicht missbraucht. Hat man ihn jedoch einmal betrogen oder getäuscht, dürfte der Riss in der Freundschaft nur schwer wieder zu kitten sein. Da kann er äußerst nachtragend sein, und so einen Vertrauensbruch wird er kaum jemandem verzeihen.

Gesundheit

Einerseits ist der Widder dank seiner immensen Energiereserven ungeheuer widerstandsfähig. Wenn er nur sorgsam daran denkt, seine Batterien, die auch bei ihm nicht unerschöpflich sind, rechtzeitig wieder aufzuladen, können ihm kleine Zipperlein nicht viel anhaben.

Er ist ein sportlicher Typ, der viel lieber selbst zu den Skibrettern oder zur Badehose greift, als sich irgendwelche Wettkämpfe von der Wohnzimmercouch aus im Fernsehen anzusehen. Er muss selbst das Blut durch seine Adern rauschen hören um sich wohl zu fühlen. Dabei darf es für den Widder ruhig eine etwas ausgefallenere Sportart sein, die den Adrenalinspiegel in die Höhe treibt. Das Abenteuer lockt ihn, und wenn ihm auch die Freizeit Herausforderungen bieten kann umso besser. Gleitschirmfliegen, Schlucht- und Wildwasserfahrten und ähnliche körperliche Anstrengungen sind so recht nach seinem Geschmack.

Genau dies kann diesem energiegeladenen Sternzeichen jedoch zum Verhängnis werden. Seine kühnen Unternehmungen fordern oft ihren Tribut in Form von verschiedensten Verletzungen, vor allem im Kopfbereich. Viele Narben im Gesicht oder schiefe, ehemals gebrochene Nasen zeugen von dem Draufgängertum dieses Energiebündels. Die Unfallgefahr ist außerordentlich groß, da der Widder oft so von seiner Abenteuerlust gepackt wird, dass er manchmal die einfachsten Sicherheitsmaßnahmen außer Acht lässt. Sein Tatendrang macht ihn des öfteren blind und es kommt vor, dass er sich maßlos überschätzt, was ihm dann erst bewusst wird, wenn es schon zu spät ist.

Ein wehleidiger Patient ist der Widder jedoch keineswegs. Er ist bereit, die Konsequenzen seiner Unvorsichtigkeit ohne Murren zu ertragen, und die Tatsache, dass er auch große Schmerzen tränenlos hinnimmt erfüllt ihn ganz besonders mit Stolz.

Die Gefahr hierbei besteht darin, dass er oft erst in allerletzter Minute die Hilfe eines Arztes in Anspruch nimmt, da er denkt, dass er mit den Kleinigkeiten des alltäglichen Lebens selbst sehr gut zurecht kommt. Wegen einem bisschen Fieber oder einer ähnlich „unbedeutenden“ Beschwerde sofort zum Arzt zu rennen, wäre entschieden unter seiner Würde. So hat schon mancher Widder eine Arztbehandlung als Lappalie abgetan und musste im Nachhinein feststellen, dass sein falscher Stolz ihm eine schmerzlichere oder langwierigere Behandlung eingebracht hat, als wenn er sich sofort einem Arzt anvertraut hätte.

Im Allgemeinen ist aber zu bemerken, dass der Widder sich üblicherweise einer bemerkenswerten Gesundheit erfreut, wenn er nur darauf achtet diese auch sorgsam zu hegen und versucht die Verletzungsgefahr durch etwas Bedachtsamkeit einzuschränken.

Was die Ernährung angeht, sind Widder entweder überzeugte Verfechter von Roh- und Biokost und führen in dieser Hinsicht ein beinahe asketisches Leben, oder aber sie geben sich den Genüssen gut gewürzter, oft sehr scharfer Speisen hin, was allerdings ihrem Magen nicht allzu zuträglich ist. Ein schmackhafter deftiger Eintopf ist ihnen oft lieber als ein noch so vornehmes Fünfgängemenü.

Hauptsache ihre Geschmacksnerven bekommen öfter mal etwas Neues zu kosten, denn auch beim Essen liebt der Widder die Abwechslung. Dabei sollte er hauptsächlich darauf achten, dass er Lebensmittel zu sich nimmt, die seine Energiereserven wieder auffüllen, da er diese ja unermüdlich beansprucht.

Beruf und Geld

Der Widder braucht einen Beruf, in dem er sich beweisen kann. Ist er in einer untergebenen Position, so braucht er viele Freiheiten und muss selbständig arbeiten können, dann kann man aber auch die besten Resultate von ihm erwarten. Jegliche Vorschriften und Enge in seinem Arbeitsverhältnis mindern seinen Schwung und er verpulvert dann seine Energien darauf diese Vorschriften zu umgehen, anstatt sich auf seine eigentlichen Aufgaben zu konzentrieren. Lässt man ihm allerdings genügend Freiraum, hat man einen engagierten Mitarbeiter, der auch keine Überstunden scheut um ein bestimmtes Projekt zum Erfolg zu führen. Und je mehr Verantwortung er übernehmen darf, desto mehr setzt er sich für die entsprechende Sache ein, da es ja um seinen Ruf geht.

Wichtig ist allerdings, dass er für seine Mühen auch belohnt wird, sowohl mit Lob und Anerkennung als auch mit einer verdienten Beförderung oder Gehaltserhöhung. Das treibt ihn zu immer neuen Kraftanstrengungen und Höhenflügen an, die auch die übrigen Mitarbeiter anstecken können. Mit seinen Arbeitskollegen versteht er sich meist recht gut, solange sie ihm seine Selbständigkeit nicht streitig machen und offen und ehrlich mit ihm umgehen. Intrigen und Ränkespiele liegen ihm nicht, ebensowenig versteht er es allerdings, eine Situation mit geschickter Taktik zu seinen Gunsten zu entscheiden. Dazu ist er einfach zu direkt und wird lieber seine Stellung riskieren als Unwahrheiten oder halbe Wahrheiten von sich zu geben.

Als Vorgesetzter ist der Widder ein strenger aber gerechter Chef. Er fordert viel von seinen Untergebenen, zieht aber selbst immer am kräftigsten mit am Strang. Er erwartet eben von den anderen genauso viel Einsatz, wie er selbst auch einbringt. Sieht er, dass jemand nicht voll bei der Sache ist, kann er auch mal laut werden und sagt demjenigen unumwunden auf den Kopf zu, dass er dies nicht weiter dulden wird. Besondere Höflichkeiten kann man von einem Widder-Boss also nicht erwarten, allerdings erntet man bei ihm auch Lob für gute Leistungen und präzise Arbeit, wenn dies auch nicht besonders wortreich und überschwenglich ausgesprochen wird.

Alle Berufe, die das Organisationstalent aber auch die Kreativität des Widders fordern, kommen für ihn in Frage. Hauptsache er kann dabei seine kämpferische Natur voll ausleben, und es kommt keine Langeweile auf. Büroarbeiten sind für die meisten Widder höchstens eine Übergangslösung, er muss seine Fähigkeiten mit viel Abwechslung beweisen können. Besonders liegen ihm Aufgaben, bei denen er seinen Erfindergeist einsetzen kann, er will Neues schaffen, Ideen in die Realität umsetzen. Die Durchführung überlässt er dabei gern anderen, ihm geht es vorwiegend darum, eine Sache in Gang zu setzen. Seine Ungeduld macht ihm oft einen Strich durch die Rechnung, denn er hat zwar fantastische Vorschläge, wenn sich aber niemand findet, der diese dann umzuset-

zen weiß, verläuft vieles, was sehr erfolgversprechend anfing, am Ende im Sande.
Deshalb empfehlen sich für den Widder Berufe wie der des Managers, des Werbefachmanns, des Ingenieurs sowie des Forschers und Erfinders. Auch als Chirurg oder Zahnarzt ist er gut aufgehoben. Allerdings sind trotz seiner Kontaktfreudigkeit soziale Berufe wie Psychologe, Lehrer, Krankenpfleger eher zu meiden, denn hier fehlt es ihm allzu oft an der nötigen Geduld.

Mit Geld weiß der Widder eigentlich ganz gut umzugehen. Wenn er einen Beruf ausüben kann, der ihm Freude bereitet und ihn erfüllt, ist ihm der Lohn dafür nicht gar so wichtig, obwohl er sich nicht gern ungerecht behandelt fühlt. Zum Sparen wurde der Widder allerdings nicht gerade geboren. Er kann seine Finanzen zwar ziemlich gut einteilen, aber manchmal schlägt er dann doch über die Stränge, indem er durch Statussymbole die Anerkennung seiner Mitmenschen erlangen will. Oder aber seine Hilfsbereitschaft, die unter anderem auch darauf abzielt, sich beliebt zu machen, hinterlässt ein großes Loch in seiner Geldbörse. Er muss aufpassen, dass er nicht finanziell von den verschiedensten Bittstellern ausgenutzt wird.

Liebe und Partnerschaft

Der Widder-Mann

Auch in der Liebe braucht der Widder Anerkennung. Wer ihn halten will, muss dafür sorgen, dass er sich unfehlbar und männlich vorkommt, auch wenn man merken wird, dass er durchaus auch seine Schwächen hat. Allerdings sollte man seine Achtung vor ihm sachlich und fundiert begründen, denn Gefühlsausbrüche kann er nicht leiden, und er merkt sofort, wenn ihm jemand nur schmeicheln will.

Gerade in jungen Jahren will sich der Widder die Hörner abstoßen und gesellig wie er ist, hat er viele Verehrerinnen. Mit seinem Tatendrang und seinem Elan begeistert er viele unternehmungslustige Frauen. Die Auserwählte muss sich nur sicher sein, dass sie mit diesem Funken sprühenden Draufgänger auch mithalten kann. Erst später, wenn der Widder-Mann etwas ruhiger geworden ist, wird auch seine Ungeduld abnehmen, und dann ist er ein wundervoller Familienvater, der Kinder über alles liebt und ihnen begeistert beibringt, wie sie das Leben zu meistern haben.

Sein Freiheitsdrang macht es manchmal schwer, ihn zu halten, doch wenn man ihm das Gefühl gibt, ihn nicht einengen zu wollen, und ihm seine Eigenheiten nachsieht, ist er gerne bereit Kompromisse zu schließen. Wenn er weiß, dass seine Herzdame zu ihm aufsieht und ihn anbetet, fühlt er sich sicher und unabhängig. Und sein Dickkopf wird es ihm schwer machen, eine einmal getroffene Entscheidung von selbst anzuzweifeln. Deshalb ist auch die Scheidungsrate bei den Widdern verhältnismäßig niedrig. Er wird doch nicht seine eigene Urteilskraft in Frage stellen.

Im Grunde genommen ist der Widder nicht eifersüchtig, erfährt er jedoch, dass er hintergangen wurde, kennt sein Zorn keine Grenzen und er ist kaum bereit, auch nur den kleinsten Fehltritt zu verzeihen. So wie er die Ehrlichkeit liebt, ist solch ein Vertrauensbruch das Schlimmste, was man ihm antun kann. Er muss eben der Einzige im Leben seiner Angebeteten sein und erträgt neben sich keinen Rivalen. Er selbst ist treu, hat er einmal die Frau fürs Leben gefunden. Ein Nebeneinander mehrerer Liebschaften ist für ihn prinzipiell unmöglich. Er muss reinen Tisch schaffen, bevor er sich auf ein neues Abenteuer einlässt, was allerdings schon mal vorkommen kann, denn er ist sehr anspruchsvoll, was seine Partnerin angeht. Da kann es passieren, dass er merkt, dass er sich zu schnell für eine Dame begeistert hat, die dann doch nicht seinen Vorstellungen entspricht, und dann wird er auch nicht lange fackeln, um sich aus dieser Beziehung wieder herauszumanövrieren.

Als Liebhaber ist der Widder besonders erfindungsreich und seine glühende Leidenschaft will er von der Partnerin ebenso erwidert wissen. Wenn sie nicht die Kondition hat, mit seinem Tempo mitzuhalten, wird es ihm schnell langweilig. Routine im Bett kann er nicht ertragen. Wer sich von ihm allerdings führen lässt und seiner Fantasie nicht im Wege steht, kann wunderbare Stunden mit ihm erleben. Nur Durchhaltevermögen gehört nun mal einfach mit dazu, denn auch hier sprüht der Widder vor lauter Energie.

Die Widder-Frau

Mit dem weiblichen Widder hat man es bestimmt nicht leicht. Dies ist keine Frau, die die Rolle des Heimchens am Herd spielt. Sie will das Sagen haben, kann es jedoch auch nicht ertragen, wenn ihr Auserwählter ihr widerspruchlos hinterherläuft. Sie will erobern, aber wenn ihr dies zu leicht gemacht wird, verliert sie schnell das Interesse.

Hat sie sich jedoch einmal entschieden, steht sie voll und ganz hinter ihrem Partner, der sich dann ohne Bedenken auf sie verlassen kann. Wenn er ihr den gebührenden Respekt und die nötige Anerkennung zukommen lässt, wird sie all ihre Energie darauf verwenden, ihn wirkungsvoll in seinen Taten zu unterstützen. Immerhin will sie sich ja auch rühmen können, mit für seinen Erfolg verantwortlich zu sein. Das wiederum gibt ihr die Möglichkeit, die Kontrolle über die Beziehung zu behalten, und nicht von ihm abhängig zu werden.

Sie muss auch ihren Freiraum behalten können, darf nicht in ihrem Tatendrang behindert werden. Wenn sie ihre berufliche Karriere völlig dem Familienleben opfern soll, kann sie sehr unglücklich werden, falls sie ihre Berufung nicht im Aufbau einer perfekten Familie sieht. Für ihre Hobbys und Interessen sollte sie sich immer Zeit nehmen, denn wenn sich Langeweile in ihren Alltag einschleicht, verliert sie allen Eifer und fühlt sich gefangen im eigenen Haus.

Eine Widder-Frau wirkt aufgrund ihrer Unternehmungslust und ihrer Fantasie sehr anziehend auf Männer, die die Abwechslung lieben. Sie muss allerdings aufpassen, dass sie, draufgängerisch wie sie ist, nichts von ihrer Weiblichkeit verliert. Mit ihrer Kampfeslust hat sie schon einige Verehrer vertrieben. Sie sollte sich öfter mal zu Kompromissen bereit erklären. Das heißt ja nicht, dass sie ihr Selbstbewusstsein dafür aufgeben muss.

Auch in der körperlichen Liebe fordert die Widder-Frau viel. Dabei erfreut es sie immer wieder zu hören, wie sie von ihrem Partner bewundert und angehimmelt wird. Sie lässt sich aber auch viel für ihn einfallen und überlässt selten etwas dem Zufall. Wenn es ihr gelingt, die Dinge nach ihrem Willen und Geschmack zu lenken, ohne dass sie jedoch die alleinige treibene Kraft ist, ist sie am glücklichsten. Merkt sie allerdings, dass die Luft aus einer Beziehung raus ist, kann es schon vorkommen, dass sie das Vermisste woanders sucht. Das muss jedoch ihrer Ansicht nach nicht gleich zu einer Scheidung führen. Am wichtigsten ist für sie nämlich zu beweisen, dass sie auch in der Familiengründung Erfolg hat, und sie will keinesfalls für Gerüchte und üble Nachreden sorgen.

Die Widder-Frau ist eine hingebungsvolle aber strenge Mutter. Wenn ihr die Kinder „Schande bereiten", fasst sie das als persönliche Beleidigung auf, hat sie doch alles dafür gegeben, ihren Sprösslingen die bestmögliche Erziehung angedeihen zu lassen. Entspricht der Lebensweg der Kinder in etwa den Vorstellungen der Mutter, steht sie unerschütterlich hinter ihnen und verteidigt sie gegen alles, was sich ihnen in den Weg stellt. Hat sich der Nachwuchs allerdings etwas in den Kopf gesetzt, das in den Augen der Frau Mama nichts für ihn ist, wird er Schwierigkeiten haben, es gegen ihren Willen durchzusetzen, ohne dass etliche emotionale Wunden bleiben.

Wer passt zum Widder

Die Feuerzeichen Löwe und Schütze teilen mit dem Widder seine Energie und seinen Tatendrang, was zu gegenseitigem Anreiz zu Höchstleistungen führen kann, solange auf beiden Seiten eine gewisse Kompromissbereitschaft besteht.

Gefühlsbetonte Sternzeichen wie der Fisch oder der Krebs fühlen sich durch die offene Ehrlichkeit und Direktheit des Widders oft verletzlich getroffen und haben Mühe, seine Zornausbrüche wegzustecken.

Die Waage ist dem Widder oft zu unentschlossen und unbestimmt in ihren Vorstellungen, Jungfrau und Steinbock sind seiner Meinung nach zu wenig bereit, Risiken einzugehen, obwohl an sich eine gewisse Übereinstimmung in grundsätzlichen Fragen besteht und diese drei Sternzeichen das Streben nach Erfolg gemeinsam haben.

Zwillinge und Wassermänner findet der Widder zwar reizvoll und interessant, sie sind ihm jedoch zu unbeständig und flatterhaft, kümmern sich für seinen Geschmack zu sehr um sich selbst, und lassen ihm dadurch zu wenig Aufmerksamkeit zukommen.

Den Widder und den Skorpion verbindet derselbe Hunger nach Leidenschaft. Die Beziehung zwischen diesen beiden Zeichen ist spannend und aufregend, aber gerade deshalb oft nicht einfach und erfordert beiderseits viel Einfühlungsvermögen, was nicht unbedingt ihre Stärke ist.

Der Stier bietet dem Widder die Stabilität und Wirklichkeitsnähe, die dieser bei seiner Risikofreude und Abenteuerlust oft vernachlässigt. Da der Stier sich von den Ideen des Widders gern begeistern lässt, ist diese Verbindung besonders günstig, obwohl oft die Fetzen fliegen, wenn ein Dickkopf auf den anderen trifft.

Berühmte Widder

Hans Christian Andersen, 2. April 1805
Wilhelm Busch, 15. April 1832
Otto von Bismarck, 1. April 1815
Charlie Chaplin, 16. April 1889
Bette Davis, 5. April 1908
Vincent van Gogh, 30. März 1853
Joseph Haydn, 31. März 1732
Brigitte Horney, 29. März 1911
Herbert von Karajan, 5. April 1908
Katharina I, 15. April 1684
Helmut Kohl, 3. April 1930
Leonardo da Vinci, 15. April 1452
Emile Zola, 2. April 1840

Stier

(21. April bis 20. Mai)

STIER
(21. April bis 20. Mai)

Planet: Venus
Element: Erde
weiblich
Farbe: grün
Metall: Kupfer
Steine: Saphir, Moosachat, Karneol
Zahl: 6

Der beständige Stier

Stiere sind außerordentliche Genießer. Sie verstehen es, die schönen Momente im Leben auszukosten, sowohl was Kunst und Kultur angeht, als auch im Bereich der Gaumenfreuden. Auch die einfachsten Dinge können in ihnen wahre Euphorie auslösen, wenn sie nur ihrem Schönheitssinn entsprechen. So ist der Stier also meist ein lebensfroher und friedlicher Mensch, der sich auch an den kleinen Besonderheiten im alltäglichen Leben erfreut. Als Gastgeber weiß er seine Gäste stets bestens zu verwöhnen, und seine gesellige Art macht ihn allseits beliebt, wenn er nicht zu krampfhaft versucht, sich in den Mittelpunkt zu drängen und auch andere zum Zug kommen lässt. Sein Sinn für das Ästhetische, sei das ein farbenfrohes Bild, ein interessantes, philosophisches Gespräch, ein schmackhaftes Essen, ein gelungenes Konzert, macht ihn gerade für weltliche Dinge nicht unempfänglich. Der Stier hängt folglich sehr an seinem Besitz, für den er allerdings auch hart zu arbeiten bereit ist. Bestechlich oder käuflich ist der Stier nämlich keineswegs. Kommt er nicht aus eigenem Antrieb zu Wohlstand, das heißt, verhilft ihm nicht seiner Hände (oder seines Geistes) Arbeit dazu, kann er sich auch nicht darüber freuen. Aber materielle Dinge bedeuten ihm nun einmal besonders viel, da nützt es auch nichts, ihn darauf hinzuweisen, dass er diese Wertgegenstände ja dereinst nicht mit ins Jenseits nehmen kann. Er ist der Meinung, dass ein gewisser Reichtum ihm das Leben einfach versüßt, und das ist für ihn die Hauptsache: zu genießen und dabei eine gewisse Sicherheit im Rücken zu haben.

Als Luftikus kann man einen Stier allerdings keinesfalls bezeichnen. Dieses Zeichen ist nicht umsonst dem Element Erde tief verbunden. Das bedeutet einerseits, dass der Stier die Natur liebt - selten findet man einen so genauen Beobachter von Naturereignissen. Seine Geduld und sein scharfer Blick machen ihn zu einem präzisen Forscher. Ein Spaziergang in Feld und Wald mit einem Stier kann außerordentlich lehrreich sein, er kennt sich aus bei vielen Pflanzenarten, bestimmt mit erstaunlicher Genauigkeit Vogelstimmen oder Spuren von Tieren, und ganz allgemein merkt man ihm seine innere Verbundenheit mit Mutter Natur an. Wenn er sie sich auch zunutze macht, um seine irdischen Güter zu mehren, so wird er dies nie ohne Rücksicht auf sie tun. Er weiß ganz genau, welche Konsequenzen die Ausbeutung natürlicher Ressourcen mit sich bringt, und deshalb sucht er nach neuen Wegen, um größtmöglichen Nutzen mit geringstnötigem Schaden zu verbinden.

Andererseits ist das Element Erde auch im übertragenen Sinn in Verbindung mit dem Stier zu betrachten. Dies ist kein Mensch, der in den Wolken schwebt und Luftschlösser baut. Er steht mit beiden Beinen fest auf dem Boden der Tatsachen und handelt auch danach. Kein unentschlossenes Zögern oder Zweifeln. Zwar lässt sich der Stier Zeit bei seinen Entscheidungen, will nichts überstürzen und in allem sichergehen, setzt behutsam einen Schritt nach den anderen, aber das tut er nicht etwa aus Unentschlossenheit, sondern ganz einfach, weil das seiner Ordnungsliebe und seinem etwas bedächtigen Temperament entspricht. Die Genauigkeit und Tiefe, mit denen Stiere an eine Sache herangehen, machen sie oft zu Experten in den verschiedensten Bereichen. Wenn etwas einmal ihr Interesse geweckt hat, werden sie sich mit einer Engelsgeduld und hartnäckigem Forschergeist dieser Sache verschreiben und nicht eher ruhen, als bis sie bis ins kleinste Detail darüber Bescheid wissen. Dadurch laufen sie aber bisweilen Gefahr, alles andere, was außerhalb ihres Interessengebiets liegt, zu vernachlässigen oder gar als unwichtig abzutun. Dies lässt sie mitunter ziemlich arrogant erscheinen. Wenn sich jemand mit ihnen über ein ihrer Ansicht nach unbedeutendes Thema unterhalten will, sind sie oft nicht bei der Sache, unaufmerksam und verhehlen ihre Langeweile an dieser Unterhaltung kaum.

Je älter der Stier wird und je mehr Lebenserfahrung er folglich gesammelt hat, desto unfehlbarer glaubt er sich auch in seinem Urteilsvermögen. Oft mag er in dieser Hinsicht sogar Recht haben, doch die Sturheit und Dickköpfigkeit, die damit verbunden ist, lässt ihn vielerorts anecken. Er ist schwer von einer einmal gefassten Meinung abzubringen und auch nicht besonders kompromissfähig. Deshalb überrascht es nicht, dass sein Hang zu Korrektheit und Präzision in Verbindung mit seiner Beharrlichkeit manchmal zu Halsstarrigkeit und sogar pingeligem Pedantismus ausarten kann.

Obwohl der Stier Ruhe und Frieden liebt und sich nicht so schnell aus der Fassung bringen lässt, sollte man ihn besser nicht reizen, denn seine Wutausbrüche können fürchterlich sein, und in solchen Fällen kann für nichts garantiert werden. Wer den Zorn des Stiers auf sich zieht, sollte sich schleunigst aus dem Staub machen, denn in seinen Racheakten ist dieses Sternzeichen unberechenbar, da kann ein Stier durchaus auch mal ungerecht und cholerisch handeln. Hat man allerdings die Geduld, seine Launen ab und zu zu ertragen und erkennt man seine beachtlichen Leistungen an, so hat man im Stier einen treuen, ehrlichen und vor allem verlässlichen Freund gefunden, der einem gern mit Rat und Tat zur Seite steht.

Gesundheit

Stiere sind natürliche, robuste Menschen. Da sie sich gern an der frischen Luft und in freier Natur aufhalten, ist dies die beste Umgebung, um neue Kräfte zu tanken. Wanderungen und ausgedehnte Spaziergänge schaffen den Ausgleich zum unermüdlichen Schaffensdrang, der den Stier oft viel zu lange an seinem Schreibtisch oder zumindest in einem geschlossenen Raum festhält.

Allerdings ist er gut beraten, sich gerade zur kälteren Jahreszeit warm anzuziehen und vor allem niemals ohne Schal aus dem Haus zu gehen, denn der Hals, zuweilen auch die Schulter, ist der besondere Schwachpunkt des Stiers. So sollte er sich niemals Zugluft aussetzen und möglichst versuchen, jeder Erkältung aus dem Weg zu gehen, da diese in langwierigen Hustenbeschwerden und Halsschmerzen enden und vom Rachen aus auch Ohren und Nase in Mitleidenschaft ziehen können. Trotzdem wird es kaum zu vermeiden sein, dass der Stiergeborene mehrmals in seinem Leben mit einer schweren Angina, Ohrenentzündung oder Neben- bzw. Stirnhöhlenentzündung zu kämpfen hat.

Weiter ist der Stier durch seine behäbige Art nicht gerade der geborene Sportler. Da er alles lieber etwas ruhiger und gelassener angeht, kann er sich nur schwer zu regelmäßiger körperlicher Anstrengung aufraffen, obwohl er an sich über eine robuste Kondition und viel Ausdauer verfügt. Seine Kraftanstrengungen stellt er allerdings lieber in den Dienst der Arbeit, die Resultate sind für ihn dort besser sichtbar. Das führt oft dazu, dass Stiere ihre Energiereserven überschätzen, und es erst zu einem totalen Zusammenbruch und völliger Erschöpfung kommen muss, bevor sie, wenn auch widerwillig, etwas kürzer treten und besser auf ihre Gesundheit achten.

Da hilft es, die Trägheit zu überwinden und früh genug darauf zu achten, dass der Körper genügend Bewegung erhält. Das heißt ja nicht, dass aus dem Stier gleich ein Profisportler werden muss, auch regelmäßige Wanderungen, wenn möglich Waldläufe, gemütliche Radtouren oder der Besuch eines Schwimmbads bieten ausreichenden Ausgleich, um neue Kräfte zu tanken. Da der Stier ein Genießer ist, ist er sehr gefährdet, übermäßig viel zu essen. Und gerade fette, deftige und kalorienreiche Kost schmeckt ihm besonders. Genau die sollte er allerdings meiden, denn für Übergewicht ist er deshalb ziemlich anfällig.

Wenn er jedoch die Finger von dicken Soßen, schweren Gerichten und übertriebenen Desserts lässt und vielleicht sogar einen wöchentlichen „Gesundheitstag“ einlegt, an dem er sich auf Rohkost oder Fruchtsäfte beschränkt, kann er sich problemlos Herz- und Nierenleiden,welche die Übergewichtigkeit mit sich bringt, ersparen.

Besonders sollte der Stier auch darauf Acht geben, dass er sich ganz einfach mit kleinen Portionen zufrieden gibt. Das langsame, genießerische Essen, das schneller satt macht und gesünder ist, entspricht ja eigentlich sowieso eher seinem Wesen als maßloses Schlemmen. Außerdem sollte der Stier immer ausreichend Flüssigkeit zu sich nehmen. Das heißt auch, dass er Suppen besonders gerne mag. Deftige Hausmannskost mundet ihm sowieso besser als piekfeine Menüs, an denen nichts dran ist. Das Ambiente beim Essen sollte allerdings schon stimmen, denn die Mahlzeiten stellen nun einmal sehr wichtige Ereignisse im Leben eines Stiers dar, bei denen er sich wohlfühlen möchte, und auch seinen Augen muss da etwas geboten werden. Auf alle Fälle darf ein Essen für ihn nicht in bloße Nahrungsaufnahme ausarten und Fast-Food ist ihm zutiefst zuwider.

Beruf und Geld

Der Stier besitzt Organisationstalent, was er seiner Ordnungsliebe und Genauigkeit zu verdanken hat. So findet man viele Stiere im Geschäftsleben und ihre Begabung, geschickt mit Geld umzugehen, macht sie hier auch besonders erfolgreich. Seine Fähigkeit, Situationen realistisch einzuschätzen und nicht zu überschätzen, macht den verlässlichen Stier zu einem objektiven Ratgeber und auch Schaffer. Im Bankwesen ist er besonders häufig anzutreffen, da sein untrüglicher Sinn fürs Finanzielle ihn zu einem Experten in diesem Bereich macht.

Auf seinen Stier-Untergebenen kann man sich bedenkenlos verlassen, und selten findet man so sorgfältige und gewissenhafte Mitarbeiter. Bedingung ist allerdings, dass seine Leistungen auch entsprechend anerkannt und besonders entlöhnt werden. Umsonst opfert nämlich kein Stier seine wertvollen Kräfte, die er aber bei der richtigen finanziellen Entschädigung ohne besondere Aufforderung voll einsetzt, bisweilen auch ohne Rücksicht auf seine eigene Gesundheit. Mit seinen Arbeitskollegen versteht sich dieses Zeichen gut, Intrigen liegen ihm fern und durch seine gesellige Art kann der Stier auch die anderen zu hohen Leistungen motivieren. Sein guter Wille hindert ihn jedoch nicht daran, darauf zu achten, dass er nicht übervorteilt oder von seinen Kollegen ausgebootet wird.

Da der Stier sich wegen seiner Neugier, seinem Wissensdurst und seiner Beharrlichkeit in den verschiedensten Bereichen ausgezeichnet auskennt, hat jeder Chef in ihm einen erfahrenen Spezialisten und Berater, der sein Wissen auch verständlich zu vermitteln weiß. Allerdings lässt er sich nicht gern in seine Verantwortungsbereiche hineinreden, und man tut auch gut daran, ihn nach seinem Gutdünken wirken zu lassen, denn er weiß sehr wohl, was er tut, und das ist für jeden nur von Vorteil.

Ist er jedoch selbst der Boss, hat man es mit einem gutmütigen und geduldigen Vorgesetzten zu tun, der die Leistungen seiner Untergebenen sehr wohl zu schätzen weiß. Allerdings darf man nicht auf die Idee kommen, diese Gutmütigkeit auszunützen, denn wenn er merkt, dass man ihn hintergehen will oder für dumm verkauft, ist sein Zorn nicht zu bremsen, und sein cholerisches Temperament geht dann allzu leicht mit ihm durch.

Da er gerne die Kontrolle über alles behält, kniet er sich oft lieber selbst in etwas rein als die Arbeit an andere zu delegieren. So kann man also bestimmt auch auf Verständnis und Mithilfe des Chefs zählen, wenn mal irgendwo Schwierigkeiten auftauchen.

Kein anderes Sternzeichen versteht es, so geschickt mit Geld umzugehen wie der Stier. Beinahe instinktiv weiß er, wann und wofür es sich lohnt Geld auszugeben. Sein Sinn fürs Materielle macht ihn nämlich nicht automatisch zum Geizkragen. Die Ausgaben wollen nur wohlüberlegt sein, doch wenn es darum geht, sich etwas besonderes zu leisten, was den Alltag verschönert und dem genießerischen Stier Freude bereitet, wird er bestimmt nicht nein sagen.
Deshalb sollte man finanzielle Entscheidungen sowohl im Privat- als auch im Berufsleben getrost dem Stier überlassen. Er wird diese Aufgaben mit Freude und Verantwortungsgefühl übernehmen und sich dabei aber immer korrekt und fair verhalten.

Wie bereits erwähnt, eignen sich Stiere also besonders für Berufe, die mit Gelddingen zu tun haben. Ihr finanzielles Geschick kommt ihnen aber auch bei der Gründung eines eigenen Geschäftes zugute. Sie sind praktisch veranlagt und können die Risiken und Chancen des Marktes objektiv einschätzen. Deshalb findet man viele Selbständige unter den Stieren.

Der Sinn für Ästhetik bei diesen Venusgeborenen macht sie auch für künstlerische Berufe wie Grafiker, Designer, Modeschöpfer, Goldschmied, Architekt, Maler und Bildhauer begabt. Hauptsache, sie können mit greifbaren Materialien schöpferisch tätig werden. Und aus Freude am Essen werden auch ausgezeichnete Köche, Bäcker oder Konditoren aus ihnen.

Da sie besonders erdverbunden sind, gibt es unter ihnen aber auch viele Landwirte, Gärtner, Landschaftsarchitekten, Förster und Naturwissenschaftler.

Fleiß und Durchhaltevermögen führen den Stier in den meisten Fällen zum beruflichen und finanziellen Erfolg, allerdings muss er Vorsicht walten lassen, damit er dabei nicht zum Workaholic wird, und sich noch genügend Zeit nimmt, um sich auszuruhen und das Leben zu genießen.

Liebe und Partnerschaft

Der Stier-Mann

Die Liebe spielt im Leben dieser Menschen, die vom Planeten Venus beherrscht werden, eine wichtige Rolle. Leidenschaft wird daher bei ihnen groß geschrieben, und Romantiker sind sie meistens obendrein noch.

In jungen Jahren muss der Stier seine Hörner abstoßen, einerseits probiert er dabei aus, wer ihm welche Art von Genüssen bieten kann, und ist gerade von schönen Frauen besonders angetan, andererseits ist er auch dann schon auf Suche nach der Partnerin fürs Leben, denn grundsätzlich ist er ein ruhiger Familienmensch, der sich ein wohliges Nest bauen und fest an einem Ort Wurzeln schlagen will. Und dazu braucht er die geeignete Lebensgefährtin, die bereit ist, hart an diesem Vorhaben mitzuarbeiten und ihn zu unterstützen. Vor allem ist ihm wichtig, dass sie es versteht, ihm ein angenehmes und gemütliches Zuhause zu schaffen und ihn zu verwöhnen, wenn er einen harten Arbeitstag hinter sich hat.

Wenn der Stier um seine Angebetete wirbt, setzt er all seinen Charme und seine guten Manieren ein. Er weiß als Genießer ja selbst gut, was das Leben für schöne Momente bieten kann und setzt dieses Wissen gekonnt ein, was dazu führt, dass viele Frauen dahinschmelzen. Seine Gewandtheit in Restaurants bei der Auswahl des Menüs und des Weins, seine Freude an interessanten und tiefsinnigen Gesprächen, sein Sinn für das Schöne, mit dem er seine Auserwählte reichlich beschenkt, und seine gutmütige, verlässliche Art machen ihn zu einem begehrten Partner.
Allerdings sollte man dem Stier-Mann Zeit lassen, er fühlt sich nicht gern überrumpelt und gedrängt. Auch in der Liebe will er seine Entscheidungen sorgfältig überdenken und sich sicher sein, dass er nichts überstürzt und die Dame an seiner Seite wirklich die Richtige für ihn ist. An kurzlebigen Affären oder gar One-Night-Stands hat dieser bedächtige Mensch keine Freude. Er fühlt sich wohler, sobald er jemanden genauer kennt, und öffnet sich dann auch viel bereitwilliger.

Hat man aber einmal die Gunst des männlichen Stiers erobert, ist er ein aufmerksamer und treuer Liebhaber, der auch im Bett genießt. Kunststücke sollt man von ihm allerdings nicht erwarten, besonders in späteren Jahren nicht, wenn er meistens schon ein stattliches Gewicht auf die Waage bringt. Er mag es auch im Schlafzimmer gemütlich und ruhig, was ihn aber nicht weniger ausdauernd macht. Seine Beharrlichkeit, die aber immer behutsam und zärtlich ist, lässt viele Frauen von ihm schwärmen.
In Ehe und Partnerschaft kann man sich auf den Stier

bedenkenlos verlassen. Aber ebenso verlangt er auch völlige Treue und Hingabe von seiner Partnerin. Von einem Fehltritt seiner Angebeteten sollte er besser niemals erfahren, denn dann kann die Hölle für sie in den eigenen vier Wänden ausbrechen. Trotz seiner Gutmütigkeit ist er sehr eifersüchtig und kann so ein Verhalten nicht verstehen, geschweige denn verzeihen. Hat er einmal eine Frau erobert, muss sie nämlich ganz ihm gehören, und er möchte auch gern etwas mit ihr angeben können. Wenn sie diesen Vorstellungen entspricht, wird sie jedoch auch von ihm verwöhnt, und für Frau und Kinder ist dem sonst manchmal etwas knausrigen Stier nichts zu teuer. Wichtig ist für ihn, dass seine Familie hinter ihm steht und ihm ein stressfreies, ruhiges Leben bietet.

Die Stier-Frau

Wie ihr männliches Pendant ist auch der weibliche Stier den Feuden der Liebe nicht abgeneigt. Und sie weiß genau, wie sie sich zu präsentieren hat, um Männerherzen höher schlagen zu lassen. Mit ihrer natürlichen Eleganz, dem Sinn für schöne Accessoirs, die bei ihr nie übertrieben wirken, und ihrer Freude, einfach verführerisch auszusehen, macht sie gehörig Eindruck aufs andere Geschlecht.

Aber auch sie geht Beziehungen lieber vorsichtig und langsam an, und sucht nach einem treuen und zuverlässigen Partner, der ihr nicht von der Seite weicht, aber auch ihrem Schönheitsideal entspricht. Sie will genau prüfen, mit wem sie sich für ein ganzes Leben bindet, und erlebt deshalb schon mal Enttäuschungen, wenn der Auserwählte sich als ihrer hingebungsvollen Liebe unwürdig entpuppt.
In der Stier-Frau hat man eine treue Gefährtin, für die

Kameradschaft und Verständnis sowie gemeinsame Interessen mindestens ebenso wichtig sind, wie ein glückliches Sexleben. Damit sie sich beim Liebesspiel wohlfühlt, müssen die Umstände stimmen. Ein schnelles Abenteuer bringt sie nur selten in Fahrt, sie will lieber umtriebig und beharrlich umworben, mit ehrlichen Komplimenten überhäuft und mit süssen Worten verführt werden. Als Romantikerin mag sie vorher ein gutes Essen oder ein Glas Wein bei Kerzenschein, im Hintergrund darf ruhig dezent und leise Musik spielen, und ein anregendes Gespräch wird sie von ihrer guten Wahl überzeugen. Sie ist eine zärtliche Liebhaberin, die ebenso gerne verwöhnt, wie selbst genießt. Sie ist zwar durchaus für Abwechslung im Bett, aber dafür will sie sich die nötige Zeit nehmen, und Überraschungen mag sie nicht allzu sehr. Wenn sie sich überrumpelt fühlt, vergeht ihr der Spaß an der Sache. Zärtlichkeit und Behutsamkeit sind für sie am wichtigsten.

Die Venusgeborene kennt sich selbst sehr gut und weiß um ihre Eifersucht. Deshalb wird sie sich bei dem Verdacht auf einen Seitensprung ihres Liebsten vorerst lieber blind stellen und nicht weiter nachbohren, um sich selbst Kummer zu ersparen. Treibt er es allerdings allzu bunt und dauert die Affäre länger an, so wird sie nicht weiter darüber hinwegsehen. Und. wenn es zur Explosion kommt, sollte er mindestens für eine Weile das Weite suchen, denn dann wird die angestaute Aggression auf einen Schlag frei, und selbst mit sachlichen Argumenten ist die Situation für den Moment nicht zu retten. Hat sich die Stier-Frau wieder beruhigt, lässt sie sich gerne lange bitten, aber wenn ihr Partner ernsthafte Absichten auf eine Versöhnung durchblicken lässt, ist sie durchaus bereit, darauf einzugehen. Wenn allerdings ihr Vertrauen noch einmal missbraucht wird, gibt es keine Rettung mehr, zu oft darf man sie nicht reizen.

In familiären Dingen ist man gut beraten, das Wirtschaften der Stier-Frau zu überlassen. Da sie mit Geld gut umgehen kann und praktisch veranlagt ist, wird sie ein gemütliches Heim schaffen und ihre Lieben gerne verwöhnen, nicht zuletzt als ausgezeichnete Köchin. Da ihr das Familienleben sehr wichtig ist, wird sie darauf achten, dass sich alle wohl fühlen und es ihnen an nichts fehlt.

Wer passt zum Stier

Am günstigsten ist die Verbindung zwischen dem Stier und seinen Erdpartnern, der Jungfrau und dem Steinbock. Sie teilen beide seinen Sinn fürs Materielle und sind eher sorgfältige und ruhige Typen. Das leidenschaftliche Feuer des Stiers vermögen sogar diese beiden eher kühlen Köpfe zu entfachen.

Bei einem Partner aus dem eigenen Zeichen stimmen zwar die Interessen meistens überein, aber da hier zwei Dickköpfe aufeinander treffen, kann es zu turbulenten Szenen im gemeinsamen Haushalt kommen.

Ähnliche Probleme gibt es bei einer Verbindung zwischen dem Stier und dem Löwen oder Skorpion. Die leidenschaftlichen Stunden und tiefschürfenden Gespräche werden oft von beiderseitiger Sturheit überschattet. Ebenso kommt Starrsinn dem Stier und dem Widder oft in die Quere, doch ergänzen sich diese beiden Zeichen bestens dadurch, dass der Stier die hochfliegenden Ideen des Widders verwirklicht.

Verständnis für Schönheitssinn und Lebensgenuss findet der Stier bei der ebenso harmoniebedürftigen Waage, die sich bei seinen bisweilen langatmigen Ausführungen langweilt, wie auch beim Schützen, der ihm allerdings manchmal zu unbeständig ist, was ihn auch am flatterhaften Zwilling stört und beim Wassermann mit dessen Freiheitsdrang zu unangenehmen Eifersuchtsszenen führen kann.

Für Fische und Krebs ist Gefühl ebenso wichtig wie für den Stier, sie sind jedoch seinen gelegentlichen Wutausbrüchen oft nicht gewachsen und schweben für seinen Geschmack zu sehr in den Wolken.

Berühmte Stiere

Honore de Balzac, 20. Mai 1799
Johannes Brahms, 7. Mai 1833
Oliver Cromwell, 25. April 1599
Albrecht Dürer, 21. Mai 1471
Elisabeth II., 21. April 1926
Isabella von Kastilien, 22. April 1451
Immanuel Kant, 22. April 1724
Sebastian Kneipp, 17. Mai 1821
Wladimir Iljitsch Lenin, 22. April 1870
Maria Theresia, 13. Mai 1717
Karl Marx, 5. Mai 1818
Samuel Morse, 27. April 1791
Florence Nightingale, 15. Mai 1820
Evita Peron, 7. Mai 1919
Max Planck, 23. April 1858
William Shakespeare, 23. April 1564

Zwillinge

(21. Mai bis 21. Juni)

ZWILLINGE
(21. Mai bis 21. Juni)

Planet: Merkur
Element: Luft
männlich
Farbe: gelb
Metall: Quecksilber
Steine: Goldberyll, Bergkristall, Goldtopas, Aquamarin
Zahl: 5

Der schwungvolle Zwilling

Bezeichnend für den Zwilling sind seine Geselligkeit, seine Wendigkeit und seine Ehrlichkeit. Abwechslung, außergewöhnliche Erlebnisse bestimmen seinen Alltag. Er ist gern unter Leuten und fühlt sich im Mittelpunkt am wohlsten, das Alleinsein erträgt er nur schwer und weiß dann oft nicht, was er mit sich anfangen soll.

In seiner offenen und ehrlichen Art, mit der er bisweilen aneckt, ist er immer äußerst tolerant und akzeptiert andere Meinungen anstandslos. Es gefällt ihm sogar, neue Denkarten kennenzulernen und sie mit seinen Ansichten zu vergleichen. Dabei kommt es zu angeregten Diskussionen und Gesprächen, bei denen der Zwilling aber gerne die Führung übernimmt. Er ist ein ausgezeichneter Diskussionsleiter, der die unterschiedlichsten Ansichten geschickt miteinader zu verbinden versteht.

Dieses Luftzeichen ist besonders wechselhaft. An alles geht es verspielt und unorthodox heran. Wechsel und Abwechslung bestimmen also das Leben eines Zwillings.

Nicht umsonst haben diese Mai- oder Junigeborenen eben dieses Sternzeichen, wohnen doch zwei Seelen in ihrer Brust, die sich zwar ähneln, die aber den Merkurschützlingen das Leben bisweilen schwer machen und sie zu zerreißen drohen. Auf welche der beiden inneren Stimmen sollen sie hören?

Wie erwähnt ist der Zwilling ein besonders ehrlicher und direkter Mensch, jedoch kann er nicht dafür garantieren, dass er die Welt morgen noch mit den selben Augen sieht wie heute. Da kann es schon sein, dass er etwas, das noch in diesem Augenblick die unerschütterliche Wahrheit für ihn darstellt, im nächsten Moment verwirft und dann ebenso überzeugt für diese neugewonnene Einsicht einsteht. Zwillinge sind besonders anpassungsfähig, dabei aber meist auf ihren eigenen Vorteil bedacht, was ihnen den Ruf von Egoisten eingebracht hat. Bei all ihrer Toleranz erwarten sie, dass man diese auch ihnen gegenüber walten lässt, und ihre Meinung akzeptiert, dass jeder auf sich selbst gestellt ist, und sehen muss, wo er bleibt.

Der Vorwurf, Zwillinge seien oberflächlich und flatterhaft, kommt nicht von ungefähr. Ihre Ungeduld und die Schnelligkeit, mit der sie einmal gefällte Entscheidungen wieder über den Haufen werfen und das genaue Gegenteil davon in die Tat umsetzen, ist für viele ruhigere und beständigere Mitmenschen unverständlich und löst nur Kopfschütteln bei ihnen aus. So gibt es nur wenige, die sich auf einen Zwilling verlassen, oder ihm wichtige Aufgaben übertragen würden. Pünktlichkeit ist zum Beispiel auch nicht gerade eine Stärke dieses tatendurstigen Menschen, allzu oft nimmt er sich übermäßig viel vor, und schafft es dann nicht, seine Termine und Verabredungen einzuhalten.

Die Stärken des Zwillings liegen vielmehr in seinem Unterhaltungswert. Er ist ein brillanter Redner, und seine schnelle Auffassungs- und Beobachtungsgabe verleihen ihm oft Flügel, wenn es darum geht, ein Gespräch in Gang zu halten. Sein sprühender Witz und sein Sinn fürs Komische machen ihn zu einem begnadeten Anekdotenerzähler, wobei er mit seinen ironischen und bissigen Bemerkungen auch ziemlich verletzend sein kann, da er dabei auf zartere Gemüter wenig Rücksicht nimmt. Auf Partys ist er der absolute Mittelpunkt und sorgt für ausgelassene Heiterkeit.

Langeweile ist für den Zwilling absolut tödlich. Da er ja andere Lebenseinstellungen als die seine gerne akzeptiert, wird er sich mit stilleren Menschen niemals in die Haare kriegen, aber lange kann er sich mit ihnen nicht abgeben, bald kann er nicht mehr ruhig neben ihnen sitzen und hält nach neuen Abenteuern und Sinnesreizen Ausschau.

Alles Neue und Andersartige übt eine besondere Anziehungskraft auf den Zwillinggeborenen aus. Seine Neugier kennt keine Grenzen. Dabei scheut er vor keinem Abenteuer zurück und verbrennt sich dadurch auch oft die Finger, was ihn aber keineswegs weniger risikofreudig werden lässt. Gewisse Gefahren und Enttäuschungen gehören seiner Ansicht nach dazu und machen das Leben nur um so erlebnisreicher und interessanter. Im Leben des Zwillings muss einfach immer etwas laufen, da gibt es nur selten ruhige oder besinnliche Momente, die Funken müssen sprühen und jeder Augenblick will ausgekostet werden.

Gesundheit

Der schnelllebige Zwilling leidet oft unter seiner Nervosität. Den Stress, den er sich meistens ganz freiwillig aufbürdet, indem er unermüdlich auf Achse ist, sich mit tausend verschiedenen Dingen gleichzeitig beschäftigt und sich selten Ruhepausen gönnt, erträgt er nur schwer. Oft kommt es dann zu einem plötzlichen Zusammenbruch, der ihn selbst am meisten überrascht. Ist dieser Fall eingetreten hilft nur strengste Einhaltung einer Ruhephase, bei der er völlig abschalten sollte. Es empfiehlt sich für ihn, sich schon früh die Kunst des autogenen Trainings und der Meditation anzueignen, damit er so effektiv seine ausgebrannten Batterien wieder aufladen kann.

Sportlich ist der wendige und schnelle Merkurgeborene für alles geeignet, was ihm genügend Bewegung an der frischen Luft verschafft. Dabei sollte er der Tatsache Beachtung schenken, dass Ausdauer und Beharrlichkeit nicht zu seinen besonderen Stärken zählen. Geht es um einen Wettkampf, bei dem er liebend gern seine Kräfte mit anderen misst, ist er deshalb besonders in Sportarten erfolgreich, die zu einer schnellen Entscheidung führen. Da kann er seine ganzen Kräfte einsetzen, ohne dass er sich überfordert. Von seiner Geschicklichkeit profitiert er vor allem beim Fechten, Tennis und Reiten. Besonderen Spaß hat der Zwilling auch am Mannschaftssport, der ihn im Team sein ganzes spielerisches Können unter Beweis stellen lässt.
Die Schwachpunkte in der Gesundheit des Zwillings sind Schultern, Arme und Brustbereich. Für seine empfindlichen Lungen und Bronchien ist es wichtig, dass er sich oft an der frischen, sauberen und sauerstoffreichen Luft, sei-

nem Element, aufhält. Besonders bei kaltem Wetter sollte er sich dazu jedoch warm anziehen, denn für Lungenentzündungen, Asthma, Bronchialkatarrh und schwere Erkältungen ist er sehr anfällig. Gerade ältere Zwillinge haben oft Rheuma, besonders in den oberen Gliedmaßen. Außerdem sollte dieser unruhige Mensch stets auf eine korrekte Körperhaltung achten, denn seine innere Anspannung und die Tatsache, dass er immer auf dem Sprung ist, haben oft verspannte Schultern und ein leicht gekrümmtes Rückgrat zur Folge.

Die Neigung der meisten Zwillinge, alles Neue auszuprobieren, kann den Nachteil in sich bergen, dass sie sich im Falle einer Krankheit nicht an eine einzige Therapiemöglichkeit halten wollen, da diese ihnen nicht schnell genug Wirkung zeigt, was ihre Geduld über die Maßen strapaziert. Sie probieren dann alles Mögliche aus, wechseln häufig den Arzt, sind alternativen Heilmethoden nicht unaufgeschlossen, laufen dadurch jedoch auch Gefahr, Scharlatanen auf den Leim zu gehen. Wenn sie eine Behandlungsmethode nach der andern abgebrochen haben, wundern sie sich auch noch, dass es ihnen nicht besser geht, und sind immer mehr der Überzeugung, dass man sich nicht auf die Medizin verlassen kann.

Auch sein unsteter Lebenswandel, die durchzechten und durchrauchten Nächte, die ihm den wohlverdienten Schlaf rauben, wirken sich negativ auf die Gesundheit des Zwillings aus. Gerade das Rauchen, das seine empfindlichen Atemwege und Lungen belastet, sollte er lieber bleiben lassen. Wenn er nur sorgsamer auf die Bedürfnisse seines Körpers achten würde, könnte er viele Erkrankungen vermeiden.

Was seine Ernährung angeht, liebt der Zwilling fremdländische und exotische Speisen. Auch unbekannte Gerichte lässt er sich gerne auftischen und erfreut sich an neuartigen Geschmackserlebnissen. Dabei muss ihm auch die Speisekarte viel Abwechslung bieten, er zieht es vor, viele verschiedene, kleinere Portionen zu sich zu nehmen als einen deftigen Eintopf. In dieser Hinsicht ist er ein ausgesprochener Liebhaber der leichten und vielfältigen asiatischen Küche. Aber auch pikante und raffinierte kleine Imbisse sind für ihn ein Genuss. Für ausgedehnte Schlemmerorgien ist er nicht zu haben, da sticht ihn schon bald der Hafer und er ist schnell satt.

Von schweren, belastenden Speisen ist dem Zwilling nur abzuraten. Auch sollte er vorsichtig bei seiner Vorliebe für exotische Gerichte sein, da scharfe Gewürze die Magen- und Darmschleimhäute reizen. Mehrere kleine und leichte Mahlzeiten verteilt über den ganzen Tag sind großen Portionen allemal vorzuziehen.

Beruf und Geld

Zwillinge sollten unbedingt Berufe wählen, bei denen ihnen ihr sprühendes Temperament zugute kommt. Da sie sich nicht lange auf eine bestimmte Sache konzentrieren können, sollten sie darauf achten, dass Konzentrationsfähigkeit und besondere Sorgfalt nicht zu den Anforderungen der von ihnen gewählten Profession gehören.
Ist er in einer untergebenen Position, ist der Zwilling tüchtig und mit Freude bei der Sache, solange er eigene Ideen einbringen kann und dabei Anerkennung findet. Seine Eigenschaft, meistens lediglich für seine eigenen Interessen einzustehen und dabei geschickt unangenehme Auf-

gaben an andere zu delegieren, macht ihn nicht immer beliebt, das kann er aber durch seine gesellige und fröhliche Art wieder ausgleichen.

Mit einem Zwilling als Boss hat man allerdings ein schweres Los gezogen. Wer nicht flexibel genug ist, um seinen ständig ändernden Strategien und Ideen zu folgen, wird mit seiner unberechenbaren Art nur mit Mühe zurecht kommen. Oft wird der Zwilling-Vorgesetzte ungerecht, wenn er erwartet, dass seine in letzter Minute geänderte Entscheidung sofort von allen Mitarbeitern akzeptiert und in die Tat umgesetzt wird. Er besitzt zwar ein großartiges Organisationstalent, aber die genaue und präzise Ausführung seiner ausgefallenen Ideen überlässt er wohlweislich seinen Mitarbeitern.

Am günstigsten ist es, wenn der Zwilling einen selbständigen Beruf ausübt. Unterordnen kann er sich nämlich schwer und als Vorgesetzter hat er mit einem Geschäft mit wenigen Mitarbeitern am meisten Erfolg. Muss er sich um eine zu große Firma kümmern, verliert er leicht den Überblick und fühlt sich dadurch eher überfordert.

Unter monotoner Arbeit ohne Abwechslung leidet der Zwilling natürlich unsäglich. Kommt Langeweile bei seiner Tätigkeit auf, ist er sofort in seiner sonst so beachtlichen Tatkraft gehemmt, und seine Leistungen lassen dann sehr zu wünschen übrig.
Besonders in künstlerischen Berufen kann der Zwilling glänzen. Hierbei kommt ihm sein Talent, mit Worten umzugehen, zugute. Als Schriftsteller kann er deshalb äußerst erfolgreich sein, und gerade als spitzzüngiger Satiriker erntet er oft Lorbeeren. Aber auch der Journalismus reizt

ihn ungemein, besonders wenn er dabei viel in der Welt herumkommt und immer neue Länder und Kulturen kennenlernt. Die Abwechslung, die dieser Beruf ihm bietet, ist so recht nach seinem Geschmack. Als Werbetexter hat er schon so manchen griffigen Slogan entworfen.

Seine Redegewandtheit macht ihn auch zu einem bemerkenswerten Geschäftsmann, vor allem, wenn es darum geht, seine Ideen und Produkte an den Mann zu bringen. Überall, wo Überzeugungskraft und Überredungskunst gefragt sind, sollte man einen Zwilling heranziehen. Keiner versteht es wie er, die Wirkung von Worten so geschickt einzusetzen. Deshalb hat er auch als Politiker aussichtsreiche Zukunkftsperspektiven.

Der Beruf des Lehrers ist unter Zwillingen ebenso beliebt, weil sie sich hier, kontaktfreudig wie sie sind, voll engagieren können und es ihnen in einem gewissen Rahmen selbst überlassen bleibt, wie sie den Unterricht gestalten. Allerdings sollten sie nicht vergessen, dass sie trotz ihrer Fähigkeit, die Schüler zu motivieren, oft in ihrem Übermut zu wenig Rücksicht auf zartere Gemüter nehmen, und mit spitzen Bemerkungen den Lerneifer und das Interesse der Betroffenen eher hemmen als anstacheln.

Wie überall muss der Merkurmensch aber auch hier darauf achten, dass er sich nicht übernimmt. Zu leicht verzettelt er sich, wenn er versucht, mehrer Berufe auf einmal auszuüben, was ihm als der geeignete Weg erscheint um Abwechslung in sein Leben zu bringen. Er kann nur schwer seine Kräfte einteilen und überschätzt sich daher oft in seinen Unternehmungen. Geld bedeutet dem Zwilling nur in soweit etwas, als dass er sich damit ein abwechslungsreiches Leben ermöglichen kann. Sparen fällt ihm ziemlich schwer, und oft gibt er spontan beträchtliche Summen für etwas aus, was ihm kurz darauf wieder als unnötig erscheint. Er muss vorsichtig sein und darf nicht unbedingt immer auf seine plötzlichen Eingebungen hören. Mit etwas Umsicht gelingt es ihm allerdings schon, sich etwas zu zügeln und etwas auf die hohe Kante zu legen, damit er in Krisensituationen auf diese Reserve zurückgreifen kann.

Liebe und Partnerschaft

Der Zwillinge-Mann

Ein Zwillinge-Mann ist immer schwer zu halten. Er flattert mit Vorliebe wie ein Schmetterling von Blüte zu Blüte. Hauptsache, sein Bedürfnis nach Abwechslung wird gestillt. Dass er dabei oft gebrochene Herzen hinterlässt, rührt ihn kaum. Die Liebe ist für ihn in den meisten Fällen nur ein amüsantes Spiel, ein weiterer interessanter Aspekt im Kaleidoskop des Lebens.

Charmeur und wortgewandte Verführer, der er ist, liegen die Frauen ihm zu Füssen. Seine Flirtkunst hat schon manche an sich standhafte Dame zu Fall gebracht. Wie könnte man diesem Wortakrobaten und weltgewandten, energiesprühenden Unterhalter denn widerstehen?
Will man doch den Versuch wagen, denn Zwillinge-Mann zu zähmen und vielleicht sogar sesshaft zu machen, muss man sehr sorgfältig und behutsam vorgehen. Sorgt die Frau in seinem Leben für ausreichend Überraschungen und gibt ihm das Gefühl, sie immer noch nicht bis ins kleinste Detail zu kennen, kann dieses Vorhaben von

Erfolg gekrönt sein. Solange sie noch der Hauch des Geheimnisvollen umgibt, flaut sein Interesse nicht so schnell ab. Hauptsache, der Reiz des Unbekannten ist noch vorhanden.

Außerdem sei jeder Frau, die zu Eifersucht neigt, von einer Beziehung mit einem Zwilling abgeraten. Für Eifersuchtsszenen bietet er nämlich oft genug Grund, er kann den Blick von einer schönen Frau nur schwer abwenden. Beschwert sich seine Partnerin über solche Dinge, und sei es noch so berechtigt, betrachtet er das sofort als Einengung seines Freiraums und wird sich schnellstens aus den „Ketten" dieser Beziehung befreien wollen. Am besten lässt man ihn gewähren und nutzt die Zeit, die er seine Aufmerksamkeit einer anderen schenkt, um sich etwas einfallen zu lassen, was die Beziehung für ihn wieder reizvoll macht.

Da der Zwillinge-Mann nicht selten spontan und mehr aus einer Laune heraus als nach reiflicher Überlegung eine Ehe schon in jungen Jahren eingeht, ist die Scheidungsrate bei diesem Sternzeichen verhältnismäßig hoch. Die Redewendung „gebranntes Kind scheut das Feuer" trifft auf ihn jedoch meist nicht zu. Da er sich nach einer gescheiterten Ehe oft an eine Partnerin mit genau den entgegengesetzten Eigenschaften hält, glaubt er, dass es diesmal bestimmt klappen muss. Und da er das Alleinsein nicht erträgt, kann er sich sehr schnell wieder auf etwas Neues einlassen, was allerdings nicht heißt, dass er es nun überlegter tut. Und so kann es leicht dazu kommen, dass ein Zwilling zum zweiten-, dritten- oder gar vierten Mal heiratet.

Oder aber die Enttäuschung darüber, dass es mit der Ehe nicht so recht klappen will, führt dazu, dass der Zwillinge-Mann sich vollends von dieser Institution abwendet und lieber eine tolerante und offene Beziehung sucht, die für ihn vielversprechender ist, weil er sich dabei automatisch weniger eingeengt fühlt.

Sex ist für den Zwillinge-Mann nicht das Wichtigste, es ist nur die Weiterführung des Spiels, das mit dem ersten Augenkontakt begonnen hat, dem darauffolgenden Gespräch das Interesse vertieft hat, danach in einen heftigen Flirt übergegangen ist und nun einen gebührenden Abschluss finden soll.

Dabei muss er auch hier im Mittelpunkt stehen. Er will Regie führen und den Ton angeben, was er allerdings sehr gekonnt macht. Solange er weiß, dass er für seine Liebeskünste bewundert wird, ist seine Welt in Ordnung.

Die Zwillinge-Frau

Sie hat eine starke erotische Anziehungskraft, sowohl vom Aussehen her als auch, was ihre unbeschwerte Art betrifft. Dadurch merkt sie schon in jungen Jahren, welche Wirkung sie auf Männer haben kann, und ist der Spaß am Flirten und an neckischen Spielereien einmal geweckt, ist sie nicht mehr zu halten.
Treue ist wahrlich bei ihr genausowenig zu erwarten, wie bei ihrem männlichen Pendant, dazu ist sie einfach zu verliebt in das Verliebtsein. Aber da sie von ihrem Partner erwartet, dass er ihr dies großzügig nachsieht, ist sie ihm gegenüber ebenso tolerant, solange sie der Mittelpunkt seines Interesses bleibt.

Für Aufregung ist bei einem Zusammenleben mit dieser quirligen Person jedenfalls gesorgt. Unermüdlich ist sie bemüht, Farbe in den grauen Alltag zu bringen und ihren Kindern ist sie eine wunderbare, fröhliche Mutter, die ihre Persönlichkeiten respektiert und sie ihren eigenen Weg gehen lässt.

Allerdings neigt dieses Luftzeichen mitunter zu heftigen Stimmungsschwankungen und kann im einen Moment noch fröhlich und ausgelassen sein, im nächsten aber schon nörgeln und sich beschweren. Das macht das Zusammenleben mit dieser Frau nicht einfach und bietet oft Grund für Streitigkeiten und Missverständnisse. Auch ihr bissiger Spott ist nicht für jedermann leicht zu ertragen.

Hat sie dann jedoch jemanden gefunden, der sie so akzeptiert, wie sie nun mal ist, ihr ihre Launen nicht übel nimmt und bereit ist, eine tolerante, offene und kameradschaftliche Beziehung einzugehen, die viel Abwechslung mit sich bringt, ist sie überglücklich. Auch dann kann man allerdings keine ewigwährenden Treueschwüre von ihr erwarten, und würde man sie dazu zwingen wollen, würde man sie lediglich verschrecken.

Wichtig ist, dass die Zwillinge-Frau neben ihren familiären Pflichten, ihren eigenen vielfältigen Interessen nachgehen kann. Die ausgefallensten Hobbys legt sie sich zu und man sollte sie unter keinen Umständen daran hindern, diesen nachzugehen. Auch hier braucht sie ihren Freiraum, dankt es mit guter Laune und einem aufgeweckten Wesen.

Auch im Schlafzimmer liebt es die Zwillinge-Frau mal energisch und leidenschaftlich, mal aber auch genießerisch und eher zögerlich. Sie weiß ausgedehnte Spielchen sehr zu schätzen und will sich gerne erobern lassen. Also muss sich ihr Liebhaber auch jedesmal etwas ganz Besonderes für sie einfallen lassen, sonst macht ihr der Sex keinen Spaß. Sie versteht allerdings auch ausgezeichnet, selbst die Leitung zu übernehmen, ist dabei zärtlich und phantasievoll, sie hat nicht umsonst schon viel Erfahrung gesammelt.

Auch bei Zwillinge-Frauen, wie beim männlichen Zwilling, besteht die Gefahr, dass sie mehrere Ehen eingehen, bevor sie den richtigen, verständnisvollen Kameraden gefunden haben, der sie glücklich macht. Dass es in ihrem Leben nicht nur einen Mann gibt, ist ganz klar, denn sie brauchen ja im Grunde für jede Seele, die in ihnen ist, den passenden Partner.

Wer passt zum Zwilling

Waage- und Wassermanngeborene scheinen sich am besten mit dem Zwilling zu vertragen. Beide sind ebenso freiheitsliebend wie der Merkurschützling, der Wassermann aus Prinzip, die Waage eher, um den guten Frieden nicht zu stören. Gerade der Wassermann in seiner aufgeschlossenen und lustigen Art ist mit dem Zwilling seelenverwandt. Widder und Skorpion legen dem Zwilling etwas zu viel Wert auf leidenschaftlichen Sex, doch lässt die geistige Regsamkeit beider Zeichen Raum auf Hoffnung. Besonders schwer fällt dem eifersüchtigen Skorpion allerdings, die Flatterhaftigkeit des Zwillings zu akzeptieren. Die Launenhaftigkeit und die häufigen Stimmungsschwankungen des Zwillings machen eine Beziehung zwischen den Sternzeichengeschwistern zu einer Berg- und Talfahrt, die dieser Belastung meist nicht lange standhält.

Gefühle sind bekanntlich für Krebs und Fische besonders wichtig. Diese kann der zynische Zwilling ziemlich schnell verletzen. Gerade die Zurückgezogenheit des Krebses und die Traumschlösser des Fischs sind für den Zwilling oft unerreichbar.

Steinbock, Jungfrau und Stier werden sich alle Mühe geben, den Zwilling zu zähmen, sich daran allerdings die Zähne ausbeißen, wobei auch zu bedenken ist, dass, wenn dem Luftverbundenen die Flügel gestutzt werden, nicht viel von seiner Heiterkeit übrigbleibt.

Mit dem Schützen, der ähnlich spielerisch veranlagt ist wie der Zwilling, stehen die Chancen nicht schlecht, man toleriert die Ansichten des anderen solange der dasselbe tut. Nur darf sich der Zwilling nicht über seinen Schützen lustig machen, das erträgt dieser nämlich nicht.

Berühmte Zwillinge

Harriet Beecher-Stowe, 14. Juni 1812
Isadora Duncan, 27. Mai 1878
Paul Gaugin, 7. Juni 1848
Karl Hagenbeck, 10. Juni 1844
John Fitzgerald Kennedy, 29. Mai 1917
Thomas Mann, 6. Juni 1875
Jacques Offenbach, 20. Juni 1819
Peter der Große, 9. Juni 1672
Alexander Sergejewitsch Puschkin, 6. Juni 1799
Johanna Spyri, 12. Juni 1907
Igor Strawinski, 18. Juni 1882
Victoria I., 24. Mai 1819

Krebs

(22. Juni bis 22. Juli)

KREBS
(22. Juni bis 22. Juli)

Planet: Mond
Element: Wasser
weiblich
Farbe: silberweiß
Metall: Silber
Steine: grüner Smaragd, Mondstein, Skarabäus
Zahlen: 2, 18

Der sensible Krebs

Wie für alle Wasserzeichen ist für den Krebs das Gefühl ausschlaggebend. Es bestimmt sein Leben, seine Entscheidungen. Das heißt nicht etwa, dass er sich weltfremd oder realitätsfern benimmt. Nein, gerade die Wirklichkeit ist ihm sehr wichtig, doch nicht auf die trockene, rationale Art, sondern so, wie der Krebs sie subjektiv empfindet

Krebse sind ausgesprochene Familienmenschen. Sie ziehen sich gerne in die eigenen vier Wände zurück, um dort die verdiente Ruhe und Erholung im vertrauten Kreis ihrer Lieben zu finden. Zum Elternhaus haben diese Menschen, die oft auch noch im Erwachsenenalter wie große Kinder wirken, zeitlebens eine enge Verbindung und sind sehr unglücklich, wenn Schwierigkeiten in familiären Dingen auftauchen. Kein anderes Kind verträgt die Scheidung der Eltern so schlecht. Besonders die Mutter wird vom Krebs verehrt, und er lässt nichts auf sie kommen.

Große Aufregung, lautes Treiben und Hektik sind nichts für den Krebs. Er braucht Ruhe und Gelassenheit, damit er sich wohlfühlt. Deshalb zieht er eine Party oder ein gediegenes Essen mit wenigen Gästen, um die er sich dann ausführlich kümmern kann, einer umtriebigen Massenveranstaltung vor. Am liebsten sind ihm Familienfeste, bei denen er die Leute kennt und mit ihnen in schönen Erinnerungen schwelgen kann. Die Vergangenheit und besonders seine Kindheit sieht der Krebs nämlich oft in einem etwas verklärten Licht und weiß viele Geschichten und Anekdoten darüber zu erzählen.

Da ihm Erinnerungen so viel bedeuten, hebt der Krebs alles auf, was er mit schönen Erlebnissen in Verbindung bringt. In seinen Regalen steht eine Vielzahl von Fotoalben oder Heimvideos, die er sich stundenlang ansehen kann. Aber auch aus seinem praktischen Sinn heraus häuft sich in seinem Hausahlt ein Sammelsurium der unterschiedlichsten Dinge an, die ihm irgendwann mal nützlich sein könnten.

Besonders gesellig ist der Krebs nicht, er begnügt sich mit einigen wenigen aber umso tieferen Freundschaften. Allerdings ist er ein wunderbarer Geschichtenerzähler, und sorgt so für interessante Stunden im Kreis seiner Freunde. Dass seine ausgeprägte Fantasie ihn dabei öfters dazu verleitet, die Wahrheit auszuschmücken und etwas hinzuzudichten, verzeiht man ihm gern. Aber wer sein Freund sein will, muss sich besonders mit Kritik vorsehen. Damit kann er den Krebs zutiefst beleidigen und dann zieht dieser sich in sein Schneckenhaus zurück, leckt seine Wunden und ist für eine Weile nicht mehr ansprechbar. Eine ähnliche Reaktion ist zu erwarten, wenn man ihn für eine Dummheit, die er begangen hat, auslacht. Da ist es mit seinem Humor dann zu Ende.

Dieses Sternzeichen hat nah an seinem Element, dem Wasser, gebaut. Die Tränen fließen bei ihm besonders schnell und häufig. Sowohl ein romantisches Filmepos als auch eigener Kummer rühren das Mondkind tief in seiner Seele und dann sind die Krokodilstränen nicht mehr zu halten. Weint der Krebs, heißt das jedoch nicht immer, dass er traurig ist. Freude und Euphorie können seine Augen ebenso feucht werden lassen. Da er seine Gefühle aber besser als die übrigen Wasserzeichen zu steuern vermag, setzt er gerade Tränen gekonnt ein, um etwas, das er sich in den Kopf gesetzt hat, zu erreichen.

Als negative Eigenschaften werden dem Krebs oft seine Langsamkeit, seine Empfindlichkeit und seine Launenhaftigkeit angekreidet. Auch wirkt er auf viele Menschen feige, wenn er seinem Naturell entsprechend Schwierigkeiten und Problemen aus dem Weg geht, und sich beim Auftreten von Hindernissen gleich zurückzieht. Viele sehen dabei nicht, dass er nur ein wenig Zeit braucht, um sich für einen neuen Weg zu entscheiden, der dieses Hindernis nicht in sich birgt.

Der Krebs strahlt Geborgenheit aus, weshalb sich besonders Menschen bei ihm wohlfühlen, die Ruhe suchen und umsorgt sein wollen. Er versteht es oft, die Traumschlösser, die er sich baut, mit Fleiß und Geduld zumindest zum Teil in die Tat umzusetzen, da es sich hierbei selten um ungreifbare Phantasien handelt, sondern um ganz greifbare Wunschvorstellungen.

Gesundheit

Der Krebs ist ein wahrer Stubenhocker und begibt sich nur ziemlich widerwillig an die frische Luft. Er ist nicht besonders bewegungsfreudig, obwohl ihm gerade die Bewegung gut tun würde, um einen Ausgleich zu seinen kopflastigen Grübeleien zu bieten.

Kann er sich doch dazu aufraffen, etwas für seinen Körper zu tun, findet er große Freude am Wandern in landschaftlich schöner Umgebung, wenn möglich mit guten Freunden, mit denen er sich angeregt unterhalten kann. Außerdem sollte er sich für Sportarten entscheiden, die nicht Schnelligkeit und Wendigkeit sondern mehr Ausdauer und Strategie verlangen, darin liegen nämlich seine Stärken. Besonders hingezogen fühlt er sich zu Wassersportarten. Aber zum Profisportler bringt es der Krebs nur selten, sein ziemlich dünnes Nervenkostüm hält nämlich dieser Belastung meistens nicht stand. Sport treibt er somit in den meisten Fällen nur, wenn er einsieht, dass das seiner Gesundheit zuträglich ist.

Im Winter wird er sich nur ungern nach draußen begeben, der warme Sommer ist ihm viel lieber, da kann er Energien tanken, und viel Sonnenschein und Wärme wirken sich auch positiv auf seinen Gemütszustand aus. Zu heiß kann es ihm eigentlich nie werden. Oft flieht er deshalb, wenn er es sich leisten kann, vor den frostigen Wintermonaten an einen wärmeren Ort.

So kann er auch die Gefahr einer Erkältung oder Bronchitis geschickt umgehen, denn der Brustbereich gehört zu den Körperregionen des Krebses, die besonders anfällig für Beschwerden sind. Weiter problematisch sind die Nieren, die Haut und vor allem der Magen. Dabei verursachen ihm nervliche und seelische Belastungen die meisten Schwierigkeiten. Das kann sich einerseits mit allergischen Hautreizungen bemerkbar machen, andererseits aber auch mit schmerzlichen Magen-Darm-Beschwerden.

Entspannung und ein verständnisvolles Gespräch mit einer vertrauten Person über die Dinge, die einem Kummer bereiten, haben schon oft die Folge gehabt, dass sich der Krebs schnell besser gefühlt hat. Dann merkt er, dass viele seiner Beschwerden von ihm selbst verursacht werden, und er diese unter Vermeidung seelicher Belastung sehr wohl umgehen kann. Auch sollte er seine intuitive Angst vor dem Tod etwas zügeln, sost verfällt er schnell in Depressionen.

Dadurch, dass sein Reaktionsvermögen nicht sonderlich stark ausgeprägt ist, ist er besonders unfallgefährdet. Sein Körper braucht auch bei der Genesung etwas mehr Zeit, um sich zu regenerieren. Das darf allerdings nicht dazu führen, dass der Krebs ungeduldig wird, und das Vertrauen in seinen Arzt verliert.

Eine spezielle Gefahr besteht beim Krebs auch darin, dass er in seiner Depression und seinem Frust übermäßig viel isst, bzw. auch trinkt. Er neigt dehalb und wegen seiner Bequemlichkeit häufig zu Übergewicht und belastet mit seinen unregelmäßigen Essgewohnheiten seinen sowieso schon empfindlichen Magen. Gerade die Süßigkeiten, mit denen er sich über seinen Kummer hinwegtrösten will, sind Gift für ihn. Überhaupt sollte er jegliche Dickmacher sowie zu viel Fleischgerichte und scharfe Gewürze meiden und sich auf Obst, Gemüse, Getreide und Nüsse verlegen. Auch Milchprodukte beeinflussen seinen Biohaushalt positiv. Viel Flüssigkeit ist ebenfalls wichtig für ihn, deshalb sollte er oft Fruchtsäfte und Mineralwasser zu sich nehmen, die Finger jedoch vom übermäßigen Alkoholkonsum lassen.

Allgemein lässt sich sagen, dass der Krebs sich nicht in seine Gefühle hineinsteigern darf, möglichst sich von Exzessen jeglicher Art fernhalten und seine Bequemlichkeit überwinden sollte. Dann fühlt er sich wohl und ist folglich weniger anfällig für seine typischsten Krankheiten.

Beruf und Geld

Im Berufsleben kommen dem Krebs seine Bedächtigkeit und Sorgfalt, aber auch seine Phantasie zugute. So ist er in jedem Fall ein zuverlässiger und pünktlicher Mitarbeiter.

Die Position des Angestellten liegt dem Krebs im Grunde mehr als die des Vorgesetzten. Er ist nicht besonders risikofreudig, scheut sich davor, zu viel Verantwortung übernehmen zu müssen, und erledigt lieber fleißig die ihm zugeteilten Aufgaben, als sich selbst ans Organisieren zu machen. Das heißt allerdings nicht, dass es ihm an Ehrgeiz fehlt, er ist sehr wohl empfänglich für ernstgemeintes Lob und will seine Leistungen auch gerecht entlöhnt wissen. Ein gutbezahlter Job ist ihm wichtig, da dieser ihm die finanzielle Sicherheit bietet, die er nötig hat.

Mit seinen Kollegen versteht sich das Wasserzeichen im Allgemeinen gut. Der Krebs ist nicht gerade die

Stimmungsbombe am Arbeitsplatz, aber man kann sich vertrauensvoll mit seinen Problemen an ihn wenden, er wird geduldig zuhören. Allerdings kann es vorkommen, dass er, auf seinen eigenen Vorteil bedacht, Situationen zu seinen Gunsten ausnützt, weil ihm dies in dem Augenblick besonders leicht gemacht wird, und dabei andere zu kurz kommen. Oder aber persönliche Probleme machen ihm zu schaffen, und deshalb lassen seine Leistungen im Beruf dann merklich nach. Und wenn Kritik an seiner Arbeit geübt wird, schmollt er lange und trägt einem dies nach.

Hat man es mit einem Krebs-Chef zu tun, kann man mit viel Verständnis und Nachsicht rechnen, wenn es einem mal nicht so gut geht oder zu Hause die Fetzen fliegen. Jedoch sollte man dieses Verständnis nicht überstrapazieren, denn dann reißt auch bei diesem Sternzeichen irgendwann mal der Geduldsfaden. Wichtig ist dem Krebs-Boss, dass sorgfältig und termingerecht gearbeitet wird. Zeigt man Bereitschaft, sich voll auf die Arbeit zu konzentrieren, wird man großzügig dafür belohnt werden. So reichlich der Lohn für die geleistete Arbeit auch ausfällt, sollte jedoch darauf geachtet werden, dass der Krebs es nicht leiden kann, wenn unnötige Ausgaben gemacht werden, und kleine Sparmaßnahmen am Arbeitsplatz einführt, um Materialverschwendung vorzubeugen.

Berufe, die eine gewisse Routine erfordern, sind günstig für den Mondgeborenen. Da er pünktlich und genau ist, wird er diese Arbeit zur Zufriedenheit aller ausführen und kann dabei auch noch etwas seinen Tagträumen nachhängen. Außerdem ist es wichtig, daß er vorgegebene Regeln befolgen kann, denn eigene Entscheidungen fallen ihm schwer und er reagiert unsicher, wenn ihm die ganze Verantwortung für etwas übertragen wird.

Künstlerische Berufe, bei denen er seine Phantasie einsetzen kann, sind ebenso geeignet für ihn. Er hat einen untrüglichen Sinn für Farben und Formen und kann somit als Bildhauer, Maler, Photograph, Regisseur, mit seiner poetischen Ader auch als Dichter sehr erfolgreich sein. Häuslich wie er ist, wird er auch als Innenarchitekt glücklich.

Für soziale Berufe ist der Krebs wie geschaffen, wenn er es versteht, die seelischen Belastungen, die diese oft mit sich bringen, in einer intakten Familie auszugleichen. Dann wird ein wunderbarer Arzt, ein verständnisvoller Krankenpfleger, ein vorzüglicher Therapeut, Lehrer oder eine Kindergärtnerin aus ihm.

Krebse übernehmen auch oft den Familienbetrieb, für den sie sich schon früh interessieren. Sie kennen sich dort aus, und es gefällt ihnen, mit vertrauten Menschen zusammenzuarbeiten. Da sie die Tücken des Geschäftes hier genau kennen, fühlen sie sich weniger unsicher als wenn sie etwas völlig Neues in Angriff nehmen müssen.

Damit der Krebs sich finanziell abgesichert fühlen kann, sollte er immer darauf achten, dass genügend Reserven auf seinem Bankkonto vorhanden sind. Kommt er nämlich in Geldnöte, schlägen ihm die Sorgen darüber allzusehr aufs Gemüt und auf den Magen. An sich sollte ihm das Sparen auch keine außergewöhnliche Mühe bereiten, solange er sich vor Spontankäufen und großen Ausgaben in Acht nimmt. Am besten gibt er sein Geld für Einrichtungsgegenstände aus, die ihm ein gemütliches Heim schaffen helfen.

Liebe und Partnerschaft

Der Krebs-Mann

Der Krebs ist ein unheimlich gefühlvoller Partner, was sich sowohl positiv als auch negativ auswirken kann. Seine Sensibilität macht ihn verständnisvoll und oft kann er die Wünsche seiner Angebeteten von ihren Augen ablesen. Ohne viele Worte übt er eine große Anziehungskraft auf die weibliche Welt aus, was dazu führen kann, dass er zum Herzensbrecher wird. Allerdings ist er dabei keineswegs glücklich, sieht jedoch nicht ein, dass es häufig an ihm liegt, wenn es kracht. Meistens kommt es nämlich zu einem Bruch in der Beziehung, weil er sich unverstanden fühlt, und das nicht immer berechtigterweise. Auch neigt er dazu, Gefühle von der Partnerin erzwingen zu wollen.

Der Krebs-Mann hält sich mit Vorliebe an ältere, reifere Frauen, die ihm die nötige Geborgenheit bieten, und sich auch ohne seine Hilfe durchs Leben schlagen können. Seine Partnerinnen gleichen überraschend oft sowohl äußerlich als auch vom Charakter her seiner Mutter. Sein leichter Mutterkomplex kann häufig Grund für Auseinandersetzung in der Partnerschaft sein, denn die Angebetete lässt sich nicht gerne mit der Frau Mama vergleichen. Dies tut der Krebs jedoch ungewollt und merkt nicht, dass er Unmögliches von seiner Liebsten fordert, eine zweite Mutter kann sie nun mal nicht für ihn werden.

Auch im Bett ist der Krebs-Mann sehr einfühlsam. Er versteht auch den leisesten Wink und geht gern auf die Wünsche seiner Liebesgefährtin ein. Obwohl er es genießt, verwöhnt zu werden, möchte er zumindest in dem Glauben gelassen werden, dass er die Herrschaft im Schlafzimmer behält. Aber auch hier ist er verletztlich, und eine unbedacht hingeworfene Bemerkung kann ihn völlig aus dem Konzept bringen. So wie sein Planet, der Mond, seinen Einfluss auf Ebbe und Flut ausübt, bewirken die unterschiedlichsten Launen plötzliche Stimmungsschwankungen beim Krebs.

Er träumt unentwegt von der idealen Partnerin, die ihn völlig versteht und sich ihm nicht widersetzt. Je länger er in diesen Träumen schwelgt und sich nicht darauf besinnt, dass die Realität einfach nicht immer seinen Wünschen entsprechen kann und er versuchen muss, trotz Abstrichen glücklich zu werden, desto mehr verrennt er sich in seinen Fantasien und wird immer frustrierter über die Tatsache, dass keine Traumfrau für ihn zu existieren scheint.

Hat es jedoch eine einfühlsame Frau geschafft, auf ihn einzugehen und ihm sanft beizubringen, dass eventuelle Meinungsverschiedenheiten nicht gleich das Ende der Welt bedeuten und sogar Abwechslung in den Alltag bringen können (und wie schön ist doch die zärtliche Versöhnung nach einem Streit), so findet sie im Krebs-Mann den perfekten Familienmenschen, der sich sehr um seine Lieben sorgt, sich ausgezeichnet mit den Kindern versteht und sich im trauten Heim am wohlsten fühlt. Ist er auch nicht ausgesprochen unternehmungslustig, unterstützt er doch gern die Hobbys seines Nachwuchses und ist immer für die Familie da, solange sie es ihm mit ebensolcher Hingabe, Treue und Liebe dankt.

Die Krebs-Frau

Die Krebs-Frau sucht in ihrem Partner stets den beschützenden und zärtlichen Märchenprinzen. Romantische Verführungskünste kommen bei ihr an, ohne dass sie Bedenken hegt, dass diese rein berechnend sein könnten, um die Gunst dieser Kind-Frau zu erobern. Diese Unbedarftheit lässt sie häufig Enttäuschungen erleben, wenn sie nicht lernt mit der Zeit die wahren Liebesschwüre von den geheuchelten zu unterscheiden.

Mit ihrer Launenhaftigkeit und ihrer oft unbegründeten Eifersucht kann sie den Auserwählten zum Wahnsinn und folglich leicht aus der Beziehung treiben, weshalb sie sich in dieser Hinsicht zusammennehmen und über ihre Reaktionen nachdenken sollte, denn je öfter sie den Partner wechselt, desto unglücklicher wird sie, und dann beginnt sie, an sich selbst zu zweifeln, was sie nur noch unausgeglichener macht. So gerät sie in einen Teufelskreis, aus dem sie sich nur noch schwer befreien kann.

Sie braucht ständig Beweise der Liebe, sei das in Worten oder durch kleine Aufmerksamkeiten, die man ihr zukommen lässt. Flaut die anfängliche Rosa-Wölkchen-Stimmung in einer Beziehung allmählich ab, was unvermeidbar ist, argwöhnt sie schon gleich, dass man sie nicht mehr liebt oder dass eine andere im Spiel ist. Deshalb sollte man ihr immer wieder mit kleinen Sympathiebekundungen zu verstehen geben, dass sie die Einzige für einen ist.

Mit ihren Gefühlen hält sie selbst allerdings hinter dem Berg. Sie erwartet vielmehr, dass man ihr die Wünsche von den Augen abliest, und will, bevor sie eine ernsthafte Beziehung eingeht, den Partner auf Herz und Nieren prüfen. Wenn sie doch von sich selbst erzählt, zeugt das davon, dass man eine Eroberung gemacht hat und sie einem vertraut. Meistens bleiben die geheimen Gedanken der Krebs-Frau jedoch verborgen.

Für loses Geplänkel und kurze Abenteuer ist das Wasserzeichen nicht zu haben. Sex auf die Schnelle erträgt die Krebs-Frau nicht, denn der ist ihr zu unpersönlich. Ein gesundes Sexleben ist ihr zwar durchaus wichtig, doch muss immer tiefe Liebe mit im Spiel sein. Ist sie nicht von den seriösen Absichten ihres Gegenübers überzeugt, wird sie sich auch nicht mit ihm einlassen. Sie ist eine hingebungsvolle Bettgenossin, die darum bemüht ist, den Mann glücklich zu machen, aber man darf sie nicht zu hart anfassen. Für ausgefallene Spielchen hat sie nicht viel übrig, vor allem wenn diese ihr das Gefühl geben, in irgendeiner Weise bloßgestellt zu werden. Und auf Bequemlichkeit legt sie ebenfalls wert, schnelle Liebesakte im Auto, im Aufzug oder an ausgefalleneren Orten sind ihr zuwider. Man sollte jedenfalls darauf achten, dass man das Körperliche in der Beziehung nicht allzu sehr in den Vordergrund stellt, denn dann fühlt sie sich leicht ausgenutzt.

Auch der weibliche Krebs ist der geborene Familienmensch. Muss sie sich zwischen Karriere und Heim entscheiden, fällt ihr das nicht schwer, obwohl sie die Bezeichnung Hausmütterchen gar nicht mag. Es ist einfach ihr Grundbedürfnis, ihren Lieben ein gemütliches Zuhause zu bieten. Sie ist eine wundervolle Mutter, die jedoch darauf achten muss, dass sie darob ihren Ehemann nicht vernachlässigt. Und ebenso wie ihr männliches Pendant ist sie gut beraten, ihr Nest etwas außer Reichweite ihres Elternhauses aufzubauen, damit es nicht zur Konkurrenz mit der eigenen Familie kommt.

Wer passt zum Krebs

Mit den beiden Wasserzeichen Skorpion und Fische lässt sich eine gefühlvolle und auch in Liebesdingen ausgewogene Beziehung aufbauen, doch besonders der Skorpion kann gefährlich verletzen, denn die spitzen Bemerkungen erträgt der Krebs nicht lange.

Auch des Zwillings Spott und die kühle Direktheit des Widders bereiten dem Krebs oft Schwierigkeiten und er zieht sich in den Hintergrund zurück, was die beiden Sternzeichen dann für feige und langweilig halten.

Jungfrau und Stier bieten dem Krebs Halt, was eine wichtige Voraussetzung für ein gelungenes Zusammenleben ist, wobei vor allem der Familiensinn des Stiers mit dem des Krebses harmoniert. Auch der Löwe ist in dieser Hinsicht ein geeigneter Partner für den Krebs und versteht es gleichzeitig mit seinem sonnigen Gemüt Licht in die Nachtseele des Krebses zu bringen, ihn aufzumuntern.

Von einer Verbindung mit dem eigenen Zeichen ist grunddsätzlich abzuraten, weil man sich gegenseitig mit den Gemütsschwankungen nervt, und sich eher in kindischem Schmollen ergeht, als gemeinsam den Alltag in Angriff zu nehmen.

Schütze und Wassermann können viele Interessen mit dem Krebs teilen, sind ihm aber meist zu freiheitsliebend und unstet. Und am Steinbock stört ihn dessen Pedantismus, Sturheit und Materialismus. Wenn sich diese gegensätzlichen Charaktere anfangs auch anlziehen mögen, sind sie beide nicht tolerant genug, um die Eigenheiten des anderen zu respektieren.

Da der Krebs unter Komplexen leidet und nicht immer sehr überzeugt von sich selbst ist, wird es schwierig, wenn er sich auch noch um die Unsicherheiten der Waage kümmern muss, und diese leidet bei ihrem Harmoniebedürfnis unter den Gemütsschwankungen des Krebses.

Berühmte Krebse

Roland Amundsen, 16. Juli 1872
Josephine Beauharnais, 23. Juni 1763
Johann Calvin, 10. Juli 1509
Gajus Julius Cäsar, 13. Juli 100 v. Chr.
Ernest Hemingway, 21. Juli 1898
Käthe Kollwitz, 8. Juli 1867
Gottfried Wilhelm Leibniz, 1. Juli 1646
John D. Rockefeller, 8 Juli 1839
George Sand, 1. Juli 1804
Ferdinand Sauerbruch, 3. Juli 1875
Ferdinand Graf Zeppelin, 8. Juli 1838

Löwe

(23. Juli bis 23. August)

LÖWE
(23. Juli bis 23. August)

Planet: Sonne
Element: Feuer
männlich
Farbe: orange
Metall: Gold
Steine: Rubin, Bernstein
Zahl: 1

Der würdevolle Löwe

Die Sonne, der Planet des Löwen, strahlt Wärme aus, glänzt und gleißt, und manchmal blendet sie einen sogar. Ebenso ergeht es einem mit diesem Feuerzeichen. Alles Lichte, Glänzende erfreut ihn und macht ihn gut gelaunt. Ein gut inszenierter Auftritt ist dem Löwegeborenen wichtig, er mag es nicht, wenn er in der Masse untergeht. Das sieht man allein schon daran, welche Mühe er auf sein äußeres Erscheinungsbild verwendet. Elegante oder bisweilen auffällige Kleidung und viel Schmuck, besonders aus seinem Metall, dem Gold, gefertigt, verschaffen ihm die Aufmerksamkeit, die er überall erheischen will.

Obwohl man ihm häufig übertriebenen Stolz und einen gewissen Egoismus nachsagt, was bei so einem theatralischen Auftreten nicht weiter verwundert, ist er ein vollkommen aufrichtiger und offener Mensch, ein hilfsbereiter und loyaler Freund. Er möchte jedoch, dass man ihm dafür auch die gebührende Anerkennung zollt. Seine Selbstsicherheit grenzt mitunter schon an Naivität und es gibt keinen größeren Idealisten im Tierkreis als den

Löwen. Seine Fähigkeit, Probleme mit Großmut und Scharfsinn anzugehen, sein Tatendrang und das unverschämte Glück, das ihn Zeit seines Lebens begleitet, haben ihn zu der Überzeugung gebracht, dass sich alles machen lässt. Er predigt jedem: wo ein Wille ist, ist auch ein Weg.

Bisweilen wirkt er in seinem pompösen Gehabe überheblich und hochmütig. Das wird noch dadurch verstärkt, dass er oft unaufgefordert großzügige Geschenke macht, sich aber beleidigt zeigt, wenn man ihn im Gegenzug mit kleineren Aufmerksamkeiten „abspeisen" will. Er glaubt, dass Freundschaft eben auch mit großen Taten bewiesen werden muss und verliert dabei den Blick für Feinheiten und Details.

Auf alle Fälle hat man es hier mit einem Luxusgeschöpf zu tun, das sich und seinen Besitz, die Früchte seiner Leistungen, gerne zur Schau stellt. Ein großes Haus mit viel Licht ist für den Löwen die richtige Umgebung, in der er sich wohlfühlen kann. Daher umgibt er sich gern mit schönen Dingen und interessanten Leuten. Er ist ein richtiger Gönner. Ist er zum Beispiel vom Talent eines Anderen überzeugt, wird er alles tun, um ihm den Weg zu ebnen und ihm zum Erfolg zu verhelfen, in dem er sich natürlich schließlich gerne als großer Mäzen sonnt.

Bei all seinem Großmut muss der Löwe jedoch darauf achten, dass er nicht herablassend gegenüber seinen Mitmenschen wird und ihre Schwächen genießerisch zur Schau stellt. Er ist zwar ein mutiger Draufgänger, der vor nichts Angst hat, oder dies zumindest nicht zeigt, aber deshalb darf er nicht auf den Gefühlen anderer herumtrampeln und deren Ängste ausnützen.

Zu den schlechten Eigenschafen des Löwen gehört auch sein unkontrollierter Zorn. Läuft etwas nicht genau nach seinen Plänen und Vorstellungen, brüllt er gleich lautstark los, anstatt sich Gedanken über die Ursachen des Misslingens zu machen. Und wenn er sich vernachlässigt und unbeachtet fühlt, verursacht ihm das sofort schlechte Laune und macht ihn störrisch. Sein unbeirrbarer Optimismus wird ihm allerdings nicht lange erlauben, in dieser Schmollhaltung zu verharren, und schon bald hat er wieder etwas Neues ausgeheckt, was ihn zum strahlenden Mittelpunkt macht.

Löwen sind bedächtige, gründliche Menschen, die sehr auf Präzision bedacht sind. Ihre Heiterkeit und Fröhlichkeit ist nicht nervös und spritzig, sondern eher gemütlich und gelassen. Sie sind begabte Witzeerzähler, die ihre Ausführungen mit Gestik und Mimik unterstreichen. Doch auf seine Kosten sollte man keine Witze machen, denn das trifft ihn tief in seinem Stolz. Er will für seine Leistungen und seinen guten Geschmack gelobt werden. Auch ist es gefährlich, ihn bei einem seiner Vorträge zu unterbrechen. Dann hat er das Gefühl, dass man ihm die Regie entziehen will, und das erzürnt jeden, der wie er eine Führerpersönlichkeit ist.

Gesundheit

Normalerweise strotzt der Löwe nur so vor Gesundheit. Auch schwere Krankheiten übersteht er gut, und wenn er versucht, ein geduldiger Patient zu sein, geht das auch ziemlich schnell. Zu lange Bettruhe macht ihn allerdings kribbelig, und deshalb läuft er Gefahr, sich zu früh eigenmächtig wieder für gesund zu erklären und damit seine Genesung zu verzögern. Stolz und Übermut fordern bei diesem Feuerzeichen auch des öfteren ihren Tribut in Form von Verletzungen, die er sich durch Selbstüberschätzung zugezogen hat. Da Aufgeben für ihn niemals in Frage käme, geht er bis an die Grenzen seiner Kräfte und schießt manchmal sogar darüber hinaus. Damit überlastet er seinen Kreislauf und es kann zu kollapsartigen Zusammenbrüchen kommen.

Besonders vorteilhafte Sportarten für den Löwen sind asiatische Kampfsportarten, die sowohl Beweglichkeit und Kraft als auch geistige Konzentration miteinander verbinden. Das gibt ihm die Möglichkeit, die überschüssigen Kräfte freizulassen und gleichzeitig sein Nervensystem zu beruhigen und zu schonen.

Der Löwe leidet besonders oft unter Herz- und Kreislaufbeschwerden. Also sollte er darauf achten, dass diese nicht zu stark belastet werden und dass er nicht zu hohen Blutdruck bekommt. Sein unermüdlicher Eifer, der zur Selbsüberschätzung führen kann, hat schon oft einen Herzinfarkt oder einen Kreislaufkollaps zur Folge gehabt. Da der Löwe bemerkenswert widerstandsfähig ist und sich verhältnismäßig schnell davon erholt, lernt er oft nicht aus diesen Fehlern und macht weiter wie zuvor, anstatt seinen Tatendrang etwas zu bremsen.

Entspannung ist wichtig für sein Nervensystem wie auch für seine Wirbelsäule, die ein weiterer wunder Punkt des Löwen ist. Häufig hat er mit schmerzlichen Bandscheibenvorfällen zu kämpfen, die ihn in seiner Bewegungsfreiheit behindern und deshalb ungeduldig werden lassen. Nichts hasst er mehr, als untätig herumsitzen zu müssen.

Ist der Löwe einsichtig genug, gönnt er sich öfters mal eine wohlverdiente Pause und überschätzt nicht seine Kräfte, kann er von seiner robusten Widerstandskraft zehren und wird selten unter kleineren Krankheiten wie Erkältung und Grippe leiden.

Auch bei seiner Ernährung ist die Rücksicht auf sein anfälliges Herz und den Kreislauf wichtig. Besonders sollte der Löwe darauf achten, dass er regelmäßig gesunde Nahrung zu sich nimmt. Bei nervlicher Anspannung kommt es nämlich vor, dass er vor lauter Aufregung keinen Bissen essen kann, und wenn ihn danach plötzlich der Hunger plagt, schlingt er wahllos alles in sich hinein.

Unter normalen Umständen liebt der Löwe jedoch ein gediegenes Essen in entprechender Atmosphäre und an einem schön gedeckten Tisch. Für ihn gilt wie für keinen anderen: das Auge isst mit. Ausgefallen müssen die Gerichte auf seinem Speiseplan nicht sein, es sollte nur keine Langeweile aufkommen. Wichtig ist für dieses Energiebündel eine ausgewogene Mahlzeit, die seine Batterien wieder auflädt und auf seinen Kreislauf Rücksicht nimmt. Knoblauch zum Beispiel beugt dem Bluthochdruck vor und verleiht den Speisen einen deftigen Geschmack, dem der Löwe nicht abgeneigt ist.

Überhaupt bevorzugt er dezent gewürzte, abwechslungsreiche Kost. Mitunter neigt er dazu, zu viel Fleisch und zu wenig Rohkost oder Getreideprodukte zu sich zu nehmen. Und in geselliger Runde frönt er gerne dem Alkohol, ein guter Schluck Wein wird ihm allerdings nicht schaden.

Beruf und Geld

Ein Löwe sollte sich immer nach einer Tätigkeit umsehen, bei der er im Mittelpunkt steht. Wo er Anerkennung, Lob und Bewunderung ernten kann, ist er so recht in seinem Element und mobilisiert all seine Kräfte.

Aus diesem Grunde fällt es dem unter dem Element des Feuers geborenen Löwen äußerst schwer sich unterzuordnen. Er lässt sich nicht den Mund verbieten, übt offen Kritik, ist dabei jedoch nicht ungerecht. Allerdings bereitet es ihm große Mühe, sich gegenüber seinen Kollegen nicht manchmal arrogant zu verhalten. Besonders teamfähig ist er daher nicht, denn er ist mehr der Einzelkämpfer und will den Ruhm mit niemandem teilen.

Am besten ist es, wenn er als Untergebener Aufgaben übernehmen darf, die sein Verkaufsgeschick und seine Redegewandtheit fordern, besonders wenn er dies außer Haus tun kann. Er versteht es, geschickt Verhandlungen zu führen und seine Firma bei den verschiedensten Anlässen zu vertreten. Außerdem achtet er, sofern er die Wahl hat, darauf, dass er nur einen Job bei einer renommierten Firma annimmt, denn nicht nur er repräsentiert gekonnt die Firma, auch sie muss ihm zur Ehre gereichen.

Hat der Löwe die Position des Vorgesetzten inne, ist er in seinem Element. Er wurde schließlich geboren, um andere zu führen. Sein Drang, die Geschicke seines Unternehmens zu leiten, immer das letzte Wort zu haben und dabei keinen Widerstand zu dulden, lassen ihn bisweilen ziemlich autoritär wirken. Aber er ist sehr gerecht gegenüber seinen Mitarbeitern, ist bereit, offen mit ihnen über auftauchende Probleme zu reden und belohnt ihre Loyalität und Leistung auch gebührend. Nur sollte man nicht damit rechnen, neben dem Chef glänzen zu können. Die Erfolge verbuchte er alle auf sein eigenes Konto.

Und Erfolg hat diese Kämpfernatur ohne Zweifel. Das wird auch am Firmengebäude sichtbar, in das ein großzügiger Teil des Kapitals gesteckt wird. Und das Büro des Bosses ist natürlich das größte und schönste, damit auch die Geschäftspartner gebührend empfangen und beeindruckt werden können.

Ein idealer Beruf für den Löwen ist der des Diplomaten. Hier kann er alle seine Vorteile ins rechte Licht rücken, seine Repräsentationskunst, seine Intelligenz, sein Allgemeinwissen und sein Organisationstalent. Außerdem bietet ihm dieses Leben alles, was für ihn wichtig ist: prunkvolle Auftritte, Abwechslung, Treffen mit interessanten Menschen und neuen Kulturen, da blüht er richtig auf.

Da er so verliebt in den Erfolg ist, dafür auch zu kämpfen versteht und ihm die nötige Portion Glück treu bleibt, hat er auch als Regisseur, Schauspieler (in erhabenen Rollen), Choreograf oder Dirigent glänzende Aussichten.

Sein sicheres Auftreten und seine Eloquenz machen ihn auch zu einem guten Politiker und bald wird er hier die Karriereleiter hochsteigen. Schöngeistige Berufe, die aber trotzdem ordentlichen Einsatz verlangen wie der des Werbefachmanns, des Designers, Modeschöpfers, Schmuckgestalters usw. werden ihm ebenfalls zu einem bekannten Namen verhelfen. Und sein Hang zum Mäzenentum machen ihn zu einem erfolgreichen Galeristen oder Kunsthändler, Filmproduzenten oder Verleger.

In Geldangelegenheiten geht es dem erfolgverwöhnten Sonnenkind wie mit den meisten anderen Dingen im Leben, sein Glück und sein Leistungswille, aber auch seine Überredungskunst und die Fähigkeit, sich gut zu verkaufen, lassen den Löwen selten in eine finanzielle Krise geraten.

Allerdings können ihm sein Hang zum Verschwenderischen und zum Luxus zum Verhängnis werden. Seine großzügigen Geschenke, die er mit Freude an Verwandte und Freunde verteilt, und die ebenso großzügigen Gaben an sich selbst haben ihn schon so manches Mal in einen Engpass getrieben oder ihn sogar Schulden machen lassen.

Lässt er sich allerdings bei Geldsachen nicht zu viel dreinreden und verlässt sich auf seinen geschäftlichen Spürsinn, kann er die Kassen schon bald wieder füllen, und gönnt sich als Belohnung spontan etwas Extravagantes...

Liebe und Partnerschaft

Der Löwe-Mann

Da dieser Sonnenmensch eine ungeheure Ausstrahlung hat, macht er unweigerlich auf sich auf sich aufmerksam und zieht viele bewundernde Blicke auf sich. Er ist es von jungen Jahren an gewohnt, im Scheinwerferlicht zu

stehen, und weiß seinen Charme auch geschickt bei seinen Eroberungsfeldzügen einzusetzen.
Auch macht ihn seine Großzügigkeit zu einem glühenden Verehrer, der weder Mühen noch Kosten scheut, die Auserwählte zu umwerben. Man könnte fast sagen, dass er sich in seiner Verliebtheit selbst verschenkt, was ein großes Kompliment an die Angebetete bedeutet.

Jedoch bleibt diese Euphorie der ersten Zeit nicht lange bestehen, wenn der Löwe-Mann nicht dieselbe Bewunderung und Anbetung im Gegenzug von seiner Partnerin erhält. Mit einer besonders selbständigen Frau kann er nicht viel anfangen, sie stiehlt ihm gerade im gesellschaftlichen Bereich zu sehr die Schau. Er will mit der Frau an seiner Seite angeben können, also muss sie sorgfältig auf ein gepflegtes Äußeres und gute Manieren achten, darf ihm nie zur Schande gereichen, ihn aber auch keinesfalls überflügeln.

Ein Zusammenleben mit diesem pompösen Typ ist also häufig kein Zuckerschlecken und mit einem gesunden Selbstbewusstsein muss die Gefährtin des Löwe-Mannes schon ausgestattet sein, denn seine Selbstherrlichkeit und sein Egoismus können leicht bewirken, dass man sich ganz klein und unwichtig neben ihm vorkommt. Alles sollte man ihm allerdings nicht durchgehen lassen, und wenn man ihm sachlich darlegt, dass er es etwas übertreibt, wird er schon Verständnis dafür zeigen. Ob er sich jedoch ändern kann, ist eine andere Frage.

Wird er von seiner Partnerin enttäuscht, und sei es nur, weil sie es gewagt hat, an seiner Herrlichkeit zu zweifeln, oder weil sie sich einen Spaß auf seine Kosten erlaubt hat, kommt er nur schwer darüber hinweg und kann sehr lange den Beleidigten spielen, jedoch ist es manchmal vonnöten, dass man seinen großen Narzissmus dämpft und ein wenig an seinem hohen Podest sägt, sonst entschwebt er einem eines Tages noch mit stolz geschwellter Brust.

Natürlich hat der Löwe-Mann auch im Bett das Zepter in der Hand. Er ist ein ausdauernder Draufgänger, der sehr wohl für sich zu sorgen weiß, dabei aber mitunter vergisst, auch nach den Wünschen der Bettgenossin zu fragen, sie muss oft sehen, wo sie dabei bleibt, und zartere Gemüter, die eine längere Aufwärmphase nötig haben, werden mit ihm als Liebhaber nicht glücklich.

Er sagt, wo es lang geht, und erwartet, dass er für seine Liebestkünste gebührend gelobt wird. Das ist die Selbstbestätigung, die er im Sex sucht. Dabei ist er jedoch nicht grob und hat einen Erfahrungsschatz, der ihn zu einem abwechslungsreichen Bettgenossen macht. So lassen sich viele Frauen von seiner Begeisterung anstecken, und trauern ihm lange nach, wenn die Beziehung zu Ende geht.

Hat er eine Frau gefunden, die ihm das nötige Ambiente bietet, seine Kinder großzieht und bereit ist, zumindest so zu tun, als wäre sie sein Besitz, kann er ein gefühlvoller und treuer Lebensgefährte sein, der aber auch außerhalb der Familie seinen Wirkungsraum behalten muss.

Die Löwe-Frau

Sie weiß, wie sie sich in Szene sezten muss, damit sie beim anderen Geschlecht auffällt. Manchmal übertreibt sie es allerdings mit Schmuck und Schminke ein wenig und sollte bedenken, das viele Männer eine gewisse Natürlichkeit vorziehen. Aber ihre umgängliche Art und ihr Geschick im gesellschaftlichen Leben bewirken, dass sie sich die Partner aus einer Vielzahl von Verehrern aussuchen kann.

In einer Zweierbeziehung will sie die Führungsrolle übernehmen, da kennt sie kein Pardon und formt sich schnell einen Pantoffelhelden zurecht. Am besten kommt sie daher auch mit Partnern aus, die bereit sind, sich in der Beziehung unterzuordnen und sie die Initiative ergreifen zu lassen. Dabei darf die Löwe-Frau jedoch nicht zu selbstherrlich werden und sollte sich darauf besinnen, dass zu einer Partnerschaft immer noch zwei unterschiedliche Persönlichkeiten gehören, die auch beide ein Mitspracherecht haben. Zumindest pro forma sollte sie nicht alle Entscheidungen alleine fällen und ihren Lebensgefärten in die gemeinsame Planung mit einbeziehen. Lebenslustig wie sie ist, ist sie immer zu einem Flirt aufgelegt, gewährt aber nur ungern dem Partner dasselbe Recht, weil sie eifersüchtig darauf bedacht ist die Einzige zu sein, die er bewundert und anbetet. Das führt dann häufig zu Streitereien, in deren Verlauf die Löwin sich vorwerfen lassen muss, und das nicht unberechtigt, ungerecht zu sein.

Ihre gönnerhafte Art, ihre Intelligenz und ihr Talent aufzufallen machen sie zur idealen Gefährtin und Muse von sensiblen und künstlerischen Naturen wie Malern, Schriftstellern oder Dichtern, die sie nicht nur finanziell unterstützt, sondern auch antreibt und Ausstellungen, Lesungen für sie organisiert. Ganz allgemein nimmt sie in einer solchen Verbindung die praktischen Dinge in die Hand, damit ihr Schützling sich um nichts als sein kreatives Schaffen kümmern muss.

Sex bedeutet für die Löwe-Frau viel, aber nicht alles. Sie ist eine geschickte Verführerin, die sich viel einfallen lässt, um spielerisch die Lust herauszuzögern. Mit zarten Dessous aus teuren Stoffen wartet sie gerne auf, doch wehe man macht sich zu schnell daran, sie von diesen zu befreien. Aufdringliche Männer mag sie nämlich nicht, sie will Regie führen und bestimmen, wann es soweit ist.

Besonders empfänglich ist sie für leise in ihr Ohr geflüsterte Komplimente. Sie gibt sich ja auch alle Mühe zu gefallen. Das bedeutet auch, dass sie sich gerne auf ausgefallenere Spielchen einlässt, nicht unbedingt, weil sie besonderen Spaß daran findet, sondern vielmehr, um Erfahrungen zu sammeln und den Ruf einer guten Liebhaberin zu erlangen. Außerdem muss das Ambiente stimmen. Am liebsten ist sie von einem Hauch von Luxus umgeben. Der Champagnerkühler darf ruhig schon neben dem Bett stehen um sich noch einen Gute-Nacht-Trunk vor dem Einschlafen zu gönnen.
Gründet die Löwin eine Familie, sollte sie sich sehr gut überlegen, ob sie bereit ist, ihre Karriere dafür aufzugeben. Sie ist zwar eine warmherzige Mutter und tüchtige Hausfrau, die Freude daran hat, ihr Heim vornehm und schön zu gestalten, aber zum Ausgleich sollte sie dann wenigstens gemeinnützige Aufgaben in der Gemeinde

oder der Stadt übernehmen, damit sie unter die Leute kommt. Am günstigsten ist es natürlich, wenn sie ihren Beruf behält und einen Lebenspartner findet, der sich die Haushaltsarbeit mit ihr teilt, wenn er sie nicht gar ganz übernimmt. Die Kinder werden auch früh zur Selbständigkeit erzogen.

Wer passt zum Löwen

Mit Widder und Schütze versteht sich der Löwe am besten. Beide sind Feuerzeichen, die nach Erfolg streben, dem Löwen aber auch bereitwillig den Ruhm für gemeinsam Erreichtes überlassen. Mit der lebenslustigen Waage kann der Löwe viele interessante Abenteuer erleben, diese kommt sich jedoch nach einer gewissen Zeit unterdrückt vor und erträgt dies in ihrer sensiblen Art und Weise nicht.

Der Zwilling und der Skorpion sind dem Löwen auf geistiger Ebene und im Temperament zwar ebenbürtig, haben jedoch ihre Mühe damit, ihn andauernd anzubeten und zu ihm aufzuschauen, da sie selbst ziemlich eitel sind. Die kühle Zurückhaltung der Jungfrau und des Steinbocks wird unter dem sonnigen Einfluss des Löwen aufgetaut, und sie werden ihm auch nicht seine Vormachtstellung streitig machen. Außerdem verbindet alle drei ein gewisses Sicherheitsbedürfnis.
Dies ist auch beim Stier der Fall, dem der Löwe in seinem luxuriösen Gehabe zuweilen zu verschwenderisch ist. Da aber beide es verstehen, das Leben zu genießen, richten sie sich gerne gemeinsam ein Heim ein und feiern darin ihre Feste.

Beim Sternengeschwister fühlt sich der Löwe zwar verstanden, aber hier kommt es zu stark zum Konkurrenzkampf um die Gunst des Publikums, als dass die Verbindung lange halten könnte.

Fische und Krebs ordnen sich zwar bereitwillig dem Löwen unter, doch sie können bei seiner Großsspurigkeit leicht ihre Lebensfreude verlieren, denn sie fordern Aufmerksamkeit. Auch mit dem Wassermann ist die Verbindung nicht allzu günstig, zu sehr will dieser seine Freiheit behalten und sich nicht als Besitz des Löwen verstanden wissen.

Berühmte Löwen

Anne von England, 15. August 1950
Napoleon Bonaparte, 15. August 1769
Alexandre Dumas, 24. Juli 1802
Henry Ford, 30. Juli 1863
Gustav Heinemann, 23. Juli 1899
Alfred Hitchcock, 13. August 1899
Guy de Maupassant, 5. August 1850
Maria Anna Mozart, 30. Juli 1751
Joachim Ringelnatz, 7. August 1883
Peter Paul Rubens, 28. Juli 1577
George Bernard Shaw, 26. Juli 1856

Jungfrau

(24. August bis 23. September)

JUNGFRAU
(24. August bis 23. September)

Planet: Merkur
Element: Erde
weiblich
Farbe: braun
Metall: Bronze
Steine: Japsis, Topas, Smaragd
Zahl: 5

Die gewissenhafte Jungfrau

Vernunft und Präzision werden bei der Jungfrau groß geschrieben. Ihr Planet, die Erde, zeugt von ihrer Verbundenheit mit der Natur, ganz besonders mit der Naturwissenschaft, aber auch von ihrem Realitätssinn und ihrer Bodenständigkeit.

Ihr Ordnungssinn und ihre Genauigkeit lassen die Jungfrau oft pedantisch und übertrieben kritisch erscheinen. Logik, Maßhaltung und ein asketischer Lebensstil zeichnen sie aus. Damit kommt sie mit weniger sorgfältigen Menschen oft ins Gehege.

Jungfrauen sind ausgesprochen wissensdurstig und neugierig. In ihrer Freizeit lesen sie deshalb viel, vorwiegend Sachbücher, aber auch schöngeistige Literatur wie historische oder philosophische Romane. Sie besuchen auch nach Abschluss ihrer Ausbildung noch viele Fortbildungsseminare oder Sprachkurse. Wenn sich ihnen dazu keine Gelegenheit bietet, sind sie lernbegierige Autodidakten und interessieren sich dabei für die unterschiedlichsten

Themen. So verfügen sie über ein erstaunliches Allgemeinwissen, und wenn es auch manchmal etwas oberflächlich ist, ist die Jungfrau deshalb doch ein vielseitiger und interessanter Gesprachspartner.

Auch verfügen diese Merkurschützlinge über ein erstaunliches Gedächtnis, was ihrer Wissbegierde zugute kommt. So werden sie nie einen Geburtstag oder eine Telefonnummer vergessen, aber auch nicht die beleidigende Bemerkung oder den letzten Streit. Dies macht sie ziemlich nachtragend. Merkur wirkt sich aber auch darauf aus, dass sie geschickt mit Geld umgehen können.

Ihre Kritiklust macht sie bei vielen Mitmenschen unbeliebt, besonders da sie selbst diese kaum verträgt. Auch erscheint sie oft egoistisch und unterkühlt, ja sogar rücksichtslos. Da sie an allem, was andere leisten etwas auszusetzen hat und daran herumnörgelt, gilt das Zusammenleben mit ihr als besonders schwierig und endet oft in Streiterein über prinzipielle Fragen.

Gefühlsausbrüche sind der Jungfrau fremd, mit Sentimentalität und Romantik kann sie nichts anfangen. Sie kennt weder den Zustand der völligen Ekstase, noch den der tiefen Trauer. Himmelhochjauchzend und Zutodebetrübt existieren in ihrem Wortschatz nur im Bezug auf ihr eigenes Innenleben, das sie jedoch niemals preisgibt. Deshalb schreckt sie vor Menschen, die ihren Gefühlen freien Lauf lassen oder gar lautstark in ihre Privatsphäre eindringen wollen, eher zurück. Einer Jungfrau sollte man sich immer mit der gebührenden Distanz nähern und abwarten, bis sie sich von selbst öffnet und an ihrem Leben auch andere teilhaben lässt.

Ähnlich zuwider wie überschwengliche Gefühlsbekundungen sind ihr Überraschungen. Das Unerwartete erschreckt sie. In ihrem Leben muss alles im Voraus geplant sein und Abweichungen von diesem Plan bringen sie aus dem Konzept. Wenn sie sich jedoch plötzlich in einer Krisensituation wiederfindet, behält sie einen kühlen Kopf, und wenn alles ziellos hin und her rennt, ist immer noch Verlass auf die Jungfrau, die die Situation rettet und die Lage beherrscht.

Vertraut man einer Jungfrau ein Geheimnis an, kann man sicher sein, dass es bei ihr gut aufgehoben ist. Plaudertaschen, die gerne Gerüchte verbreiten, haben bei ihr sofort ausgespielt. Sie ist verlässlich, verschwiegen und loyal und erwartet das auch von anderen. Sie ist zwar selber sehr neugierig, schämt sich dieses "Makels" aber beinahe und hält die Neugier so gut es geht im Zaum. Sie will ja keinem zu nahe treten.

Im Allgemeinen sind Jungfrauen wache Menschen, die niemals ihren Wirklichkeitssinn verlieren, mit beiden Beinen auf dem Boden stehen und sich selten wirklich einsam fühlen. Allein sein ist für sie sogar sehr wichtig, da sie großen Trubel und Menschenmassen nicht ertragen, und zum Beipiel lieber zu Hause gemütlich ein Buch lesen, als auf eine Großveranstaltung zu gehen. Langweilig wird es ihnen in ihrer selbstgewählten Zurückgezogenheit niemals.

Gesundheit

Die Jungfrau braucht als Ausgleich zu ihrer Arbeitswut viel Bewegung und frische Luft, was sie zwar einsieht, sie hält sich aber dennoch nicht immer dran. Sie verkriecht sich lieber hinter einem Berg von Arbeit und denkt viel zu spät daran, dass sie ihrem Körper Gutes tun muss, damit er ihr auch gute Dienste leistet und ihre Konzentration nicht nachlässt.

Das heißt auch, dass Jungfraugeborene nicht außerordentlich sportlich sind. Deshalb treiben sie höchstens Sport, wenn ihnen das vom Arzt ausdrücklich vorgeschrieben wird. Dabei haben sie eine Vorliebe für Sportarten, bei denen es auf Geschicklichkeit und Präzision ankommt, sie sich aber keinen größeren körperlichen Anstrengungen aussetzen müssen. Wenn sie sich dazu aufraffen können, wären morgendliche Gymnastikübungen zur Auflockerung und gelegentliche Entspannungsübungen für sie von Vorteil.

Die Jungfrau muss oft mit Problemen in ihrem Nervensystem und im Magen-Darm-Trakt kämpfen. Stress, Unausgeglichenheit, Existenzängste machen ihr vor allem physisch zu schaffen, was sich ja bekanntlich gerade auf ihre Schwachpunkte auswirken kann. Viele Jungfrauen leiden daher schon in jungen Jahren an einem Magengeschwür.

Außerdem sind sie leicht hypochondrisch veranlagt, machen sich eine Menge Sorgen um ihre Gesundheit und werten schon die leisesten Anzeichen des Unwohlseins als Boten für eine schwerwiegende Krankheit, die im Anzug ist. Dabei ist es meistens gerade diese übermäßige Sorge, die sie dann wirklich erkranken lässt. Ihre Hausapotheke ist für jeden Fall gerüstet, und jedes kleine Zipperlein wird gleich gezielt mit einem Mittelchen aus diesem Vorrat behandelt. Vor Medikamentenmissbrauch sollte sich jede Jungfrau folglich vorsehen.

Da sie sehr auf gesunde Ernährung bedacht ist, fällt es ihr nicht so schwer wie anderen Sternzeichen, sich auch einen ausgeglichenen Speiseplan zu halten. Diszipliniert zieht sie eine Diät oder eine Entschlackungskur durch. Eigentlich mag sie Natur- und Reformkost ganz gerne und hält sich beim Fleischkonsum freiwillig zurück, weil es ihr nicht besonders schmeckt und sie die Folgen einer ungesunden Ernährung auch sofort zu spüren bekommt. Viele Jungfrauen werden deshalb zu Vegetariern. Auf scharfe Gewürze und säurehaltiges Obst, das ihrem Magen zu schaffen macht und Sodbrennen verursachen kann, zu verzichten fällt ihnen da schon schwerer.

Doch auch hier wird die Vernunft siegen und nachdem sie schlechte Erfahrungen gemacht haben, wenn sie nicht auf die Reaktionen ihres Körper gehört haben, kehren sie wieder zu Getreideprodukten, Rohkost, Gemüse, Milchprodukten und Nüssen zurück, die ihnen viel besser bekommen.

Die Jungfrau ist auf jeden Fall gut beraten, ihren Körper nicht übermäßigen Belastungen auszusetzen, für genügend Ausgleich zum langen Sitzen zu sorgen und sich vor allem nicht zu viele Gedanken um kleine Wehwehchen zu machen. Wenn es sie allerdings wirklich mal richtig erwischt hat, sollte sie sich gründlich auskurieren, auch wenn es länger dauert, und sich nicht aus falschem Pflichtgefühl allzu schnell wieder an die Arbeit machen. Außerdem erleichtert sie denen, die sie pflegen, die Arbeit sehr, wenn sie nicht an allem herumnörgelt und sich dauernd nur beklagt.

Beruf und Geld

Die Jungfrau sollte Berufe wählen, bei denen sie ihr Pflichtgefühl, ihre Präzision und ihren scharfen Verstand einsetzen kann.

Als Angestellte leistet sie jeder Fima hervorragende Dienste, wenn sie die Organisation der Abläufe übernimmt. Sie ist äußerst fleißig und sorgfältig bei der Erledigung ihrer Aufgaben und geht richtig in ihrer Arbeit auf, ohne viel Aufhebens davon zu machen, obwohl ihr natürlich ein ernst gemeintes Lob gut tut. Allerdings ist ihr der Lohn für die Arbeit wichtiger als Ruhm und Anerkennung. Pünktlichkeit ist eine weitere ihrer Stärken und man kann sich darauf verlassen, dass sie die ihr übertragene Arbeit termingerecht abliefert.

Mit ihren Kollegen wird sie selten richtig warm, zieht sich eher zurück und verschanzt sich hinter einem Berg noch zu erledigender Arbeit. Deshalb gilt sie zwar als zuverlässiger, aber nicht besonders beliebter Mitarbeiter, der viel Kritik übt, zuweilen sogar am Chef, wenn sie es für nötig hält. Da sie jedoch eine bescheidene Person ist, verzeiht man ihr auch mal ihre Kritiki, vor allem wenn sie konstruktive Vorschläge dagegen setzt.

Zum Vorgesetzten eignet sich die Jungfrau aufgrund ihres Fleißes und ihrer Zielstrebigkeit vorzüglich. Sie macht allen in der Firma vor wie sie zu arbeiten haben, nämlich mit vollem Engagement und hingebungsvoll. Überstunden macht sie selbst am meisten, verlangt diese aber auch mal von ihren Mitarbeitern. Obwohl sie sich ihren Untergebenen gegenüber häufig kühl und distanziert gibt, kann man getrost mit sachlichen und vernünftigen Vorschlägen zu ihr kommen. Sie ist vorsichtig im Geschäftsleben, verdient sich ihr Geld lieber durch Beharrlichkeit und Durchhaltevermögen als durch riskante Spekulationen und Entscheidungen. Sie sollte jedoch vorsichtig mit Kritik umgehen, damit vergrault sie sich sonst die besten Mitarbeiter, die selbst genau wissen, was sie wert sind.

Technische Berufe sind für die Jungfrau wie geschaffen, denn die Ordnung, Regelhaftigkeit und Logik der technischen Welt haben sie schon immer fasziniert. Auch hat sie ein besonderes Geschick im Umgang mit diesen Dingen, und ihre Genauigkeit lässt sie viele Fehler vermeiden, die unachtsamere Menschen verursachen könnten.

Geistige Tätigkeiten entsprechen der Jungfrau mehr als handwerkliche. Alles Methodische fordert sie besonders, so zum Beispiel der Beruf des Archivars, des Chemikers oder Pharmazeuten, des Buchhalters, des Sekretärs oder des Bibliothekars. Aber auch in sozialen Berufen geht sie auf, so etwa als Arzt für die verschiedendsten Krankheiten, ganz besonders als Chirurg wegen ihrer Präzision oder aber als Tierarzt, denn die Jungfrau ist unheimlich tierlieb. Oft empfindet sie, dass sie sich auf Tiere eher verlassen kann als auf ihre Mitmenschen. Als Akademiker kann die Jungfrau Karriere machen oder aber als Rechtsanwalt. Gewissenhaft tritt sie dann für ihre Klienten ein und stellt ihre ganzen Kräfte in den Dienst ihres Berufs. Von künstlerischen Berufen sollte sie allerdings die Finger lassen, denn als fantasievoll kann man sie nicht gerade bezeichnen.

Was ihre Finanzen angeht, ist die Jungfrau immer etwas in Sorge um das Sicherheitspölsterchen auf dem Bankkonto, was sie jedoch gar nicht zu sein braucht, denn keiner versteht es wie sie zu sparen und sich ein finanzielles Ruhekissen zu schaffen. Dabei muss sie darauf achten, dass sie nicht zu knauserig wird und sich allzu sehr aufs Geldanhäufen konzentriert.

Dies tut sie allerdings nicht aus irgendwelchen Machtgelüsten heraus, sondern einfach, weil sie Freude an unvergänglichem Besitz hat, in den sie ihr hart erarbeitetes Geld gern investiert. Die Jungfrau kann mehrere Häuser besitzen, die sie dann vermietet, um auch hier ein lukratives Geschäft zu machen. Doch sollte sie sich nicht auf risikoreiche Spekultionsgeschäfte einlassen, sondern ihren Besitz durch Fleiß und Beharrlichkeit mehren.

Liebe und Partnerschaft

Der Jungfrau-Mann

Ein Mensch der vielen Worte ist er zwar nicht, aber er besticht durch kühle Eleganz, Verlässlichkeit und Treue sowie die Sicherheiten, die er einer Frau bieten kann.

Ein Jungfrau-Mann tut sich immer schwer mit der Liebe, wenn es nur um einen kleinen Flirt geht, für den er eigentlich weniger zu haben ist als für eine längere Beziehung. Nur selten geht er von selbst auf eine Frau zu, auch wenn sie ihm noch so gefällt sondern wartet ab und lässt sie den ersten Schritt tun. Damit vergibt er sich nämlich nichts, macht sich nicht lächerlich und ist auch nicht gezwungen, in Aktion zu treten.

Auch wenn man ihn schon länger kennt, ist er noch sehr zurückhaltend und öffnet sich nur langsam und Schritt für Schritt seiner Partnerin, die viel Fingerspitzengefühl haben muss, und ihn nicht drängen darf. Außerdem umgibt sich der Jungfrau-Mann gundsätzlich mit intelligenten und sorgfältig ausgesuchten Freunden, um interessante Diskussionen mit ihnen führen zu können, da sollte auch seine Lebensgefährtin keine Ausnahme bilden. Dumme Frauen kann er nicht leiden.

Auf Pünktlichkeit achtet er sehr und wenn man ihn zu oft warten lässt oder ihn gar unentschuldigt versetzt, verzeiht er das einem nur schwer. Überhaupt ist er mit Kritik schnell zur Hand, und das immer häufiger und hemmungsloser, je länger man mit ihm zusammen ist. Er analysiert seine Lebensgefährtin und wirft ihr pausenlos ihre Schwächen vor, was das tägliche Zusammenleben sehr strapazieren kann.

Vor allem darf sich der Jungfrau-Mann nicht in eine träumerische, schwache Frau vergucken, denn deren Gemütsschwankungen versteht er nicht und hält sie für Launen, mit denen er geärgert werden soll. Er steht diesen Ausbrüchen dann verständnislos gegenüber, versteckt seine Unsicherheit hinter bissigen Bemerkungen oder, was noch wahrscheinlicher ist, hinter einer Wand von Nichtachtung, was die gefühlvolle Partnerin nur noch unglücklicher macht. Oft kommen die beiden aus diesem Teufelskreis nicht mehr heraus und müssen ihre Beziehung als gescheitert betrachten. Das längere Zusammenleben macht ihn nämlich meistens nicht anschmiegsamer, sondern eher ehrlicher und offener, was bei ihm mit Kritik verbunden ist. Dies ist für ihn ein Zeichen des Vertrauens.

Einen feuerigen Liebhaber, der Leidenschaft ausstrahlt und sich in heißen Liebesschwüren ergeht, darf man auch beim Sex nicht erwarten. Besonders wichtig ist der Liebesakt nicht für den Merkurschützling und nicht selten muss die Frau die Initiative ergreifen, damit es überhaupt dazu kommt. Dann ist er ein ergebener Liebhaber, der manchmal etwas routinehaft reagiert und sich lieber führen lässt als sich selbst Besonderheiten fürs Bett auszudenken. Allerdings ist er auch gern bereit Neues zu lernen, wenn ihn das nicht zu viel Energie kostet. Ausdauer zählt zu seinen hervorragendsten Eigenschaften, die gleicht dann fehlende Leidenschaft und Ekstase aus. Die Kontrolle über sich selbst verliert der Jungfrau-Mann niemals.

In der Familie sollte man ihm die Geldangelegenheiten überlassen, darin ist er der Fachmann, und wenn man ihm ein gepflegtes und ordentliches Heim bietet, wird er auch seine Kritik etwas zügeln. Kommt es zu Unstimmigkeiten oder Streit, vergräbt er sich in seiner Arbeit. Überhaupt muss er darauf achten, dass die Familie neben dem Beruf nicht zu kurz kommt.

Die Jungfrau-Frau

Sie ist bei ihrer Partnerwahl sehr kritisch. Im Grunde können es ihr nur wenige recht machen. Sie selbst strahlt Zuverlässigkeit, Fürsorglichkeit und geistige Kameraderie aus, so dass viele unstete Männer bei ihr Halt suchen. Aber sie wägt deren Vor- und Nachteile immer genau ab und überlegt sich gut, ob sie sich auf eine längere Beziehung einlassen will, auf ein kurzes Intermezzo verzichtet sie meistens. Deshalb bindet sie sich oft erst spät. Am besten kommen bei ihr gepflegte Männer an, die charmant und galant um sie werben, aber nicht mit der Tür ins Haus fallen oder heiße Liebesbeteuerungen von ihr verlangen.

Hat sich nach der langwierigen Prüfphase doch einer gefunden, mit dem es die Jungfrau-Frau versuchen will, ist ein harmonisches Zusammenleben bei weitem nicht garantiert. Der Auserwählte muss nämlich vielerlei Nörgelei oder gar Umerziehungsversuche über sich ergehen lassen, was nicht jeder widerspruchslos hinnimmt.

Wichtig ist für sie, dass sie im Partner vor allem einen Gefährten, einen Kameraden hat, der sie in seine Pläne einweiht und bei einem guten Glas mit ihr die Ereignisse des Tages durchspricht. Geistig muss er ihr ebenbürtig sein, "Schwätzer" mag sie nicht, aber ebenso wenig gefällt es ihr, wenn er sie geistig überflügelt, sie kommt sich nicht gern dumm vor.

Wenn es in einer Beziehung mal nicht mehr klappt, geht die Jungfrau-Frau ziemlich skrupellos vor. Wenn sie merkt, dass sie sich in einer Sackgasse befindet, macht sie nicht viel Aufhebens und setzt der Beziehung schnell ein Ende, ohne Rücksicht auf die Gefühle des anderen, die dadurch verletzt werden könnten. Sie findet es am Vernünftigsten, die Sache nicht lange hinauszuzögern und sich möglichst schnell zurückzuziehen. Gehen die Partner allerdings im gegenseitigen Einvernehmen auseinander ist es für die Jungfraugeborene nur selbstverständlich, dass sie gute Freunde bleiben und sich auch später noch ab und zu treffen, was bisweilen die Eifersucht des neuen Partners auf den Plan rufen kann. Diese erträgt sie schlecht, obwohl sie selbst nicht davor gefeit ist.

Jungfrau will sie nicht um jeden Preis bleiben, aber ihre Liebhaber sucht sie sich sorgfältig aus. Sie wird sich häufig anfangs zieren, und nach dem ersten Treffen landet man mit ihr bestimmt nicht im Bett. Wenn man dann ihr Vertrauen gewonnen hat, ist sie aber eine zärtliche Bettgenossin, die gerne alles mitmacht um ihrem Liebsten zu gefallen. Da aber Sex nicht das Wichtigste in ihrem Leben ist, kann sie seinen Entzug geschickt einsetzen, um den Mann zu bestrafen oder etwas von ihm zu erlangen. Im Bett spielt sie meist die Rolle der hingebungsvollen Dienerin, die ihre Pflicht erfüllt, und wirft den Angebeteten nicht gerade mit ihrer Leidenschaft um. Und sauber und gepflegt muss die Atmosphäre beim Liebesspiel sein. Schnelle Aktionen in schmuddeliger Umgebung törnen sie nur ab.

Sie ist eine gute Hausfrau, obwohl sie nur etwas widerwillig den Beruf für die Familie aufgibt und auch wieder mitverdienen will, sobald die Kinder alt genug sind. In ihrem Haushalt herrscht Ordnung und Sauberkeit, die sie pingelig verteidigt. Manchmal nimmt das schon beinahe manische Formen an. Wehe sie findet ein Staubkorn auf den Möbeln oder man trampelt mit dreckigen Schuhen durchs Wohnzimmer. Da kennt ihr Zorn keine Grenzen.

Wer passt zur Jungfrau

Den beiden Erdzeichen Stier und Steinbock fühlt sie sich besonders in ihrem Hang zum Materiellen verbunden, wobei der Stier ihr manchmal etwas zu heftig reagiert, der Steinbock entspricht da mehr ihrem Temperament.

Geistig und verstandesmäßig sind ihr Skorpion, Wassermann und Zwilling ebenbürtig, doch bekommt sie sich mit dem Wassermann ob seines Freiheitsdranges in die Wolle, der Skorpion verlangt zu viel Leidenschaft von ihr und der Zwilling ist ihr zu unstet.

Die Verbindung Jungfrau mit Jungfrau ist gar nicht übel, findet man doch im Partner das, was man selbst so schätzt: die Ordnungsliebe, das vernünftige Denken, den geschickten Umgang mit Geld. Die gegenseitige Kritik kann hier auch beflügelnd wirken.

Der Krebs teilt mit der Jungfrau das Sicherheitsdenken, doch seine Gefühlsschwankungen machen ihr genauso wie die Traumtänzerei des Fischs zu schaffen.

Mit dem Schützen kann es zu einer günstigen Partnerschaft kommen, denn er ist ebenso vorsichtig, wenn es darum geht, sich fest zu binden. Da kann tolerantes Denken auf beiden Seiten durchaus zu einer glücklichen Verbindung führen.

Der Widder ist der Jungfrau zwar oft zu heftig, aber seine Energie kann sie auch anstecken. Mit dem herrschsüchtigen und imposanten Löwen hat sie da schon mehr Mühe, wie ihr auch seine Verschwendungssucht gegen den Strich geht. Ihr eher asketisches Leben sieht sie nicht gerne von ihm auf den Kopf gestellt.

Die charmante und gebildete Waage gefällt der Jungfrau schon ganz gut, solange sie nicht zu Gefühlsduseleien neigt und sie das Harmoniebedürfnis der Waage mit ewigen Nörgeleien belastet.

Berühmte Jungfrauen

Robert Bosch, 23. September 1861
Agatha Christie, 15. September 1890
Anton Dvorak, 8. September 1841
Marie von Ebner-Eschenbach, 13. September 1830
Greta Garbo, 18. September 1905
Johann Wolfgang von Goethe, 28. August 1749
Georg Wilhelm Hegel, 27. August 1770
Alexander von Humboldt, 14. September 1769
Ludwig XIV., 5. September 1638
Käthe Kruse, 17. September 1883
Eduard Mörike, 8. September 1804
Kardinal Richelieu, 9. September 1585
Franz Josef Strauß, 6. September 1915
Lew Nikolajewitsch Tolstoi, 9. September 1828

Waage

(24. September bis 23. Oktober)

WAAGE

(24. September bis 23. Oktober)

Planet: Venus
Element: Luft
männlich
Farbe: rosa
Metall: Kupfer
Steine: Aquamarin, Edeltopas, Beryll, Diamant
Zahl: 6

Die charmante Waage

Kennzeichnend für die Menschen, die im Sternzeichen der Waage geboren sind, ist das Streben nach Harmonie mit ihrer Umwelt und ihren Mitmenschen. Dieses Harmoniebedürfnis lässt die Waage möglichst jedem Streit aus dem Wege gehen. Die Waage ist verständnisvoll, großmütig, geduldig und einfühlsam. Der Drang nach Ausgeglichenheit, Ruhe und Frieden macht den Waage-Menschen zu einem hervorragenden und geschickten Gesellschafter, der seinen Gesprächspartnern zuhören kann und eine Unterhaltung so leitet, dass ein Gespräch oder ein Abend für alle Beteiligten sehr kurzweilig und unterhaltsam verläuft.

Dieser Charme, der die Waage bei ihren Mitmenschen stets ankommen lässt, erweckt bei vielen Neid und Missgunst, wodurch der Waage negative Eigenschaften angedichtet werden. So sagt man ihr oft nach, überheblich, eingebildet, hochnäsig und arrogant zu sein. Das mag auch damit zusammenhängen, dass Waagen überdurchschnittlich intelligent sind und dass sie sich deswegen vielleicht ihren Mitmenschen überlegen fühlen. Im Grunde ihres Wesens sind Waagen jedoch verständnisvoll, tolerant und gutmütig. Vor allem Waage-Frauen zeicnen sich durch einen fürsorglichen, hilfsbereiten, liebenswürdigen und sanftmütigen Charakter aus. Waage-Frauen gelten als überdurchschnittlich hübsch und strahlen auch in kritischen Situationen noch Gelassenheit und Ruhe aus.

Waagen sind unverbesserliche Optimisten, die auch nach vielerlei Rückschlägen den Kopf nicht hängen lassen. Obwohl sie äußerlich ruhig und gelassen wirken und immer auf Ausgleich und Harmonie bedacht sind, ringen sie innerlich ständig um Balance. Schon kleine Erschütterungen genügen, um ihre inneren Waagschalen aus dem Gleichgewicht zu bringen, so dass sie in ihren Entscheidungen oft hin und her pendeln und unstet wirken. Zur Bestätigung ihrer selbst brauchen Waagen den Zuspruch und die Anerkennung ihrer Mitmenschen. Das schmeichelt ihnen und stärkt ihr Selbstbewusstsein.

Der Umgang mit Waagen gestaltet sich im Großen und Ganzen problemlos, denn nicht umsonst gilt die Waage als das Sternzeichen der Beziehung zum anderen Menschen. Um eventuellen Konflikten vorzubeugen, sollte man jedoch darauf achten, nicht zu sehr an ihnen zu zweifeln, um ihr Selbstwertgefühl nicht anzukratzen. Ebenso darf man ihnen die Ruhe, Gelassenheit und Gutmütigkeit mit der Waagen in allen Lebenslagen zu Werke gehen, nicht als Einfalt oder gar Torheit auslegen. Das haben diese großherzigen Menschen nicht verdient.

Gesundheit

Waagen zeichnen sich leider nicht durch eine widerstandsfähige Konstitution aus. Oft mangelt es ihnen an der nötigen Robustheit. Ihr körperlicher Schwachpunkt sind die Nieren, die häufger als bei ihren Mitmenschen von Erkrankungen wie Entzündungen, Steinbildungen und anderen Schmerzen befallen werden. Das ist darauf zurückzuführen, dass Waagen gefühlsmäßig stark erregbar sind und sie innerlich an dem teilnehmen, was um sie herum geschieht und was Freunden, Kollegen und Mitmenschen widerfährt. Das ist daran zu erkennen, dass sie leicht erröten oder blass werden, wenn ein starkes Gefühl einen tiefen Eindruck auf sie macht.

Wegen dieser Erregbarkeit sollten Waagen tunlichst eine lärmende Umgebung meiden und sich von schreienden,lauten und aufdringlichen Menschen fernhalten, weil diese ihr empfindliches, labiles Gleichgewicht leicht stören können. Sie gehen ihnen im wahrsten Sinne des Wortes „an die Nieren" und erschüttern ihr Bedürfnis nach Harmonie, Ruhe und Ausgeglichenheit. Deshalb ist es für Waagen ratsam, größere Veranstaltungen, Demonstrationen oder Massentreffen zu umgehen, wo dies die Situation erlaubt, weil sie Gefahr laufen, hier Menschen zu begegnen, die ihren inneren Frieden stören.

Um dieses inneren Friedens willen sollte die Waage keinen ausschweifenden Lebenswandel pflegen, sich keinen Exzessen hingeben und unbedachtes Handeln vermeiden. Besonders wichtig ist für Waagen ein gesunder Lebensstil und eine gesunde, ausgewogene Ernährung. Um ihren neuralgischen Punkt, die Nieren, zu schonen, sollten sie viel trinken um dafür zu sorgen, dass sie gut durchspült werden. Zum Schutz der Nieren ist ihnen auch von übermäßigem Alkoholkonsum und der Verwendung scharfer Gewürze wie Pfeffer, Chili oder Paprika abzuraten. Waagen sollten überwiegend leichte Kost wie Salate, Obst und Gemüse zu sich nehmen und auf Milchprodukte oder Fleisch verzichten.

Waagen eignen sich nicht für Sportarten, die den Körper über Gebühr strapazieren und in Mitleidenschaft ziehen, da sie keine zähe Gesundheit haben und körperliche Gebrechen auch ihr Gemüt und ihre Stimmung beeinträchtigen können. Deshalb gilt für Waagen: Hände weg von harten Sportarten wie Fußball, Rugby, Football oder Ähnlichem. Die Waage sollte sich eher leichteren Sportart zuwenden. So gehören Tennis und Tischtennis zu den für sie geeigneten Spielen, aber auch Wandern, Gymnastik oder leichte Gartenarbeit sind ihrer Gesundheit zuträglich. Streit und Stress, vor allem mit dem Partner oder der Partnerin, schlägt bei Waagen auf die Gesundheit durch und löst neben Depressionen und schlechter Laune auch allergische Reaktionen wie Hautausschlag aus. Dies ist ein Grund dafür, dass Waagen um Ruhe, Harmonie und inneren Ausgleich bemüht sind.

Beruf und Geld

In Geldangelegenheiten stehen der Waage die Sterne meist günstig. Bei schwierigen finanziellen Entscheidungen trifft sie in vielen Fällen die richtige Wahl und gelangt so ohne größere Anstrengungen mit etwas Glück und Gespür für die Situation zu Geld. Zweifelhafte Geldgeschäfte, zwielichtige Investitionen und Geschäfte sollte sie außer Acht lassen, denn die Waage scheut das Risiko. Statt dessen würde es ihr besser zu Gesicht stehen, sich auf das herkömmliche Sparen zu verlegen. Denn ihre Neigung zum Sparen ist nicht besonders ausgeprägt, was noch durch ihre Verschwendungssucht verstärkt wird. So liebt die Waage teure Restaurants, in denen sie in ruhigem, luxuriösem Ambiente speisen kann. Erstaunlich oft werden Waagen als Erben eingesetzt. Hier macht sich bezahlt, dass Waagen als geschickte, charmante und unterhaltsame Gesellschafter auftreten können und dass sie mit ihren Freunden und Verwandten in möglichst großer Harmonie leben wollen. Sie verfügen also in jeder Situation über den richtigen Draht zu ihren Mitmenschen, die es ihnen durch eine Erbschaft danken.

Waagen werden aber auch mehr als andere von ihren Mitmenschen ausgenutzt, denn selten lehnen sie es aufgrund ihrer Großzügigkeit ab, Geld zu verleihen, und dies auch dann, wenn die Bittsteller nicht eng mit ihnen befreundet sind.

Geld steht für Waagen zwar nicht im Mittelpunkt ihres Interesses und Lebens, doch dürfen sie es nicht mit vollen Zügen verschwenden oder gar leichtsinnig verschenken oder verleihen. Dann bleiben ihnen nämlich für schlechte Zeiten keine Rücklagen, obwohl sie in Geldfragen das Glück oft gepachtet haben. Im Beruf spielt Geld nicht die Hauptrolle. Wichtiger sind für die Waage Berufe, die als angesehen gelten und viel gesellschaftliche Anerkennung bringen. Man sollte jedoch nichr vergessen, sich die erbrachten Leistungen entsprechend entlohnen zu lassen.

Die Waage fühlt sich an einem Arbeitsplatz wohl, an dem sie mit netten, gutaussehenden Kollegen zusammenarbeiten kann. Auch an ihren Arbeitsplatz selbst stellt sie hohe Ansprüche. Dieser muß stilvoll eingerichtet sein und wenn möglich direkt von der Sonne beleuchtet werden.

Waagen eignen sich wegen ihrer stets herzlichen und hilfsbereiten Art besonders gut zu Gruppen - und Teamarbeit, weil sie sowohl unter den Kollegen als auch zwischen Chef und Untergebenen für Ausgleich und Entspannung sorgen können. Trotz ihrer Gutmütigkeit lassen sie nicht alles mit sich machen und nehmen auch nicht jede Arbeit ohne Prüfung auf Sinn und Gehalt entgegen. Vielmehr hinterfragen sie genau und machen konstruktive Einwände, um nur Arbeit zu erledigen die ihnen auch wirklich sinnvoll erscheint.

Als Chef sollte man darauf achten, Waagen keine barschen oder schroffen Befehle zu erteilen, weil sie dies nicht anspornt, sondern im Gegenteil ihren Arbeitseifer hemmt. Bei Waagen kann man die Motivation eher durch anerkennende, aufmunternde Worte anspornen. Waagen benötigen auch des öfteren mal eine Pause, doch nicht, weil sie faul sind, sondern um mit erholten, frischen Kräften erneut ans Werk zu gehen.

Bei der Waage als Chef kommen ihre positiven Charaktereigenschaften voll zur Geltung. Sie ist klug und besonnen und ihr ruhiger, besonnener Charakter lässt sie gerecht über alle Fragen entscheiden und Probleme aller Art lösen. So ist der Waage-Chef bei den Kollegen und insbesondere bei den Kolleginnen sehr angesehen und beliebt, bisweilen wird er sogar angehimmelt und verehrt.

Auch als Chef bleibt er ein Ästhet, der von seinem großzügig, geräumig und geschmackvoll eingerichteten Büro aus seine Geschäfte erledigt. Die hübsche Vorzimmerdame darf natürlich nicht fehlen. Waagen sind für die harte Berufswelt eher ungeeignet, weil sie das Risiko scheuen und ihnen die nötigen Ellbogen fehlen um sich durchzuboxen, wenn es die Situation einmal verlangt.

Besonders häufig findet man Waagen in Berufen, die ihnen den Kontakt mit Menschen ermöglichen und in denen ihr Selbstwertgefühl gesteigert wird. Überdurchschnittlich oft sind sie als Maler, Bildhauer, Schauspieler, Sänger, Schriftsteller und Filmschaffende tätig.

Liebe und Partnerschaft

Der Waage-Mann

Als harmonischer und friedfertiger Zeitgenosse, der dem Risiko und Abenteuern aus dem Wege geht, ist der Waage-Mann immer auf der Suche nach der Frau fürs Leben, mit der er in trauter Zweisamkeit sein Glück suchen will. Schnellschüsse sind nicht seine Sache, und so geht er jede Beziehung mit der Absicht an, hier seine Vorstellung vom partnerschaftlichen Glück zu verwirklichen. Seine Gefühle für die Partnerin sind stets aufrichtig und er wird immer versuchen, sich und seiner Angebeteten eine schöne und harmonische Zeit zu bereiten.

Auch wenn seine Absichten ehrlich sind und er immer starke Gefühle für seine Partnerin empfindet, genügen schon kleine, eher harmlos erscheinende Anlässe, um das Feuer seiner Liebe zu löschen. Wie die Waagschalen seines Sternzeichens pendeln auch seine Gefühle hin und her, so dass schon wenig Sand im Getriebe der Liebe genügt, um ihn eine Beziehung beenden zu lassen. Er ist nicht der Typ, der einer Beziehung lange nachtrauert. Vielmehr macht er sich gleich wieder auf die Suche um bei einer Neuen wiederum sein Glück zu suchen, und auch dies mit dem festen Willen eine langfristige oder lebenslange Beziehung einzugehen.

Frauen müssen in der Regel nicht lange um seine Gunst werben und um ihn kämpfen, denn er ist immer offenherzig und schlägt auch selten jemandem einen Wunsch aus. Frauen, die seiner Eitelkeit schmeicheln, ihm Komplimente machen, ihn umgarnen und sein Selbstbewusstsein stärken, rennen bei ihm offene Türen ein und werden sich schon nach kurzer Zeit in seinen Armen wiederfinden. Man sollte ihn jedoch gut festhalten und, wenn man ihn einmal am Haken hat möglichst schnell durch eine Heirat an sich binden. Sonst kann es leicht passieren, dass er schon nach kleineren Unstimmigkeiten und Streitereien das Weite sucht.

Nach der Hochzeit kann man ihn als sehr guten Ehemann kennenlernen. Er erweist sich als liebenswerter und gerechter Ehemann, der viel Geduld und Verständnis für die Probleme und Sorgen seiner Angetrauten aufbringt. Er lässt ihr auch genug Freiraum, um eigene Ideen zu verwirklichen. Allerdings muss man ihm immer das Gefühl geben, im Mittelpunkt zu stehen. Dies verlangen seine Eitelkeit und sein Streben nach Anerkennung. Seine Ehefrau darf nie ihre häuslichen und ehelichen Pflichten ihm gegenüber vernachlässigen, sondern muss ihn umsorgen und ihm zur Seite stehen, wie er sich dies für eine glückliche erfüllte Beziehung vorstellt. Er liebt es auch, wenn sie sich für ihn in Schale wirft und ihre schönsten Kleider für ihn anzieht, wenn sie zusammen ausgehen. Die anerkennenden Blicke anderer Männer erfüllen ihn mehr mit Stolz, als dass sie seine Eifersucht wecken; denn sie zeigen seinem Selbstwertgefühl, dass er etwas besitzt, was auch andere begehren.

Er ist ein Mann, für den Sex nicht eine lästige Pflichterfüllung ist. Liebe und Sex sind für ihn untrennbar miteinander verbunden. Auch im Bett kommen seine positiven Eigenschaften zur Geltung. Er kann auf seine Partnerin eingehen und erfüllt ihre Wünsche. Er ist ausdauernd und sehr zärtlich, ein Liebhaber, der sich seiner Frau mit viel Geduld annimmt und seine ganze Fantasie spielen lässt, um sie zu verwöhnen. Er versucht also auch im Bett möglichst für ein harmonisches Miteinander zu sorgen. Dabei ist er sehr treu und wagt nur in den seltensten Fällen ein Abenteuer außerhalb der wohlbekannten, ehelichen Gefilde. Seine Frau sollte es ihm damit danken, dass sie seine kleinen Fehler und Unzulänglichkeiten, derer er sich wohl bewusst ist, übersieht und seine Liebe erwidert.

Der Waage-Mann liebt seine Kinder sehr. Sie sind für ihn ein nicht wegzudenkender Bestandteil seines glücklichen, harmonischen Ehelebens. Er widmet ihrer Erziehung viel Zeit, spielt mit ihnen und ist stolz darauf, ihnen eine glückliche, sorgenfreie Kindheit zu bereiten.

Seine Ehefrau sollte dennoch darauf achten, ihre Pflichten als Mutter nicht vor ihren Pflichten als Ehefrau rangieren zu lassen, denn das weckt seine Eifersucht.

Die Waage-Frau

Die Waage-Frau ist für viele Männer die Traumfrau. Sie ist attraktiv, schlank, hat ein anziehendes Äußeres und zeichnet sich aus durch graziöse, anmutige Bewegungen und ihren umwerfenden Charme aus, mit dem sie die Männer in ihren Bann zieht. Doch wer als Mann bei ihr landen will, darf keine Kosten und Mühen scheuen. Sie liebt teure Restaurants, kleidet sich gerne nach der neuesten Mode und mag es, wenn teurer Schmuck ihre natürliche Schönheit und ihre Reize unterstreicht. Deshalb haben auch reiche Männer in repräsentativer Stellung die besten Chancen, ihre Gunst zu erwerben. Sie können ihre Wünsche und Ansprüche am besten erfüllen und an ihrer Seite erstrahlt ihre Schönheit in noch besserem Licht. Aber auch Waage-Frauen, die finanziell nicht gut situiert sind und sich nicht alle Wünsche erfüllen können was Kleidung und Schmuck betrifft sehen gut aus und wecken das Interesse der Männer. Denn durch ihre angeborene Ausstrahlung und ihren Charme wirkt sie auch in Kleidern von der Stange attraktiv. Sie mag es, wenn man ihr Komplimente macht und ihrer Schönheit schmeichelt. Das stärkt ihr Selbstbewusstsein und kommt ihrer Eitelkeit entgegen, denn sie will immer die Schönste und die Erste sein.

Der Partner der Waage-Frau muss genau ihren Wunschvorstellungen entsprechen. Ist dies nicht der Fall, wird sie versuchen, ihn nach ihrem Bild zu formen und ihn umzuerziehen. Die Liebe ist für sie Lebenselixier, sie braucht die Liebe eines Mannes zur Selbstbestätigung, denn ohne Liebe verkümmert sie wie eine welke Rose.

Wegen ihres großzügigen Charakters lässt sie ihrem Mann viele Freiheiten, spielt dabei jedoch nicht das Heimchen am Herd, sondern nimmt sich selber die Zeit, um sich zu verwirklichen. So übt sie auch einen Beruf aus, der sie erfüllt, selbst wenn dies ihrem Ehegatten nicht gefällt. Dabei ist sie bedingungslos treu,weil sie weiß, was sie ihrem Mann, der sich viel Mühe geben muss um sie zufriedenzustellen, schuldig ist.

Die Sorgen des Ehemannes sind ihr nicht fremd und sie hat teil an seinen beruflichen Problemen. So kann sie geduldig zuhören, wenn er sein Herz ausschütten will und ihr die Sachen anvertraut, die ihn bewegen.

Wenn es um ihre eigenen Angelegenheiten geht, ist sie sehr redselig und liebt es, ihre Probleme, Gedanken, Pläne und Sorgen groß und breit bei Freunden auszuplaudern, damit man ihr Aufmerksamkeit schenkt und sich um sie kümmert.
Auch beim Sex und in der Liebe stellt sie hohe Asprüche. Der Mann muss sich viel Zeit für sie nehmen, denn sie liebt lange Gespräche und Essen bei romantischem Kerzenlicht ebenso wie Streicheleinheiten, Zärtlichkeiten und ein langes Vorspiel. Im Gegenzug gibt sie sich Mühe, ihrem Mann zu gefallen, indem sie bisweilen versucht, mit ausgefallenen Dessous seine Aufmerksamkeit auf sich zu lenken.

Wer passt zur Waage

Geeignete Partner für die Waage sind der Wassermann und der Zwilling. Mit ihnen kann die Waage am ehesten eine Beziehung eingehen, die ihrem Bedürfnis nach Harmonie und Zweisamkeit entspricht.

Sehr gut passen zur Waage auch Jungfrau und Löwe, wobei sich vor allem Löwe und Waage in ihrem Streben nach romantischem, harmonischem Zusammensein ergänzen.

Ebenso passen Schütze und Skorpion zur Waage, denn im Alltagsleben besteht ein gewisses Einverständnis, das ein erfolgreiches Zusammenleben ermöglicht.

Der impulsive Widder und der eher schwerfällige Steinbock eignen sich nicht für eine Beziehung zur Waage, und auch der Krebs engt die Waage zu sehr ein.

Partnerschaften mit Stier und Fisch sind für die Waage nicht unproblematisch, doch wenn beide Seiten einen guten Willen zeigen ist eine harmonische Partnerschaft in Aussicht.

Berühmte Waagen

Sarah Bernhardt, 22. Oktober 1844
Mahatma Gandhi, 2. Oktober 1869
Paul von Hindenburg, 2. Oktober 1847
Friedrich Nietzsche, 15. Oktober 1844
Gnaeus Pompeius, 29. September 206 v. Chr.
Eleanor Roosevelt, 11. Oktober 1884
Guiseppe Verdi, 10. Oktober 1813
Vergil, 15. Oktober 70 v. Chr.
Oscar Wilde, 15. Oktober 11856

Skorpion

(24. Oktober bis 22. November)

SKORPION
(24. Oktober bis 22. November)

Planet: Pluto
Element: Wasser
weiblich
Farbe: grau, schwarz
Metall: Eisen
Steine: Granat, Topas, Amethyst
Zahl: 9

Der willensstarke Skorpion

Den Skorpionen sagt man unter allen Tierkreiszeichen die schlechtesten Eigenschaften nach. Sie gelten als nörglerisch, zänkisch und taktlos. Das rührt daher, dass diese energiegeladenen Menschen nicht mit ihrer Meinung hinter dem Berg halten können und das, was sie denken, ihrem Gegenüber ohne Umschweife ins Gesicht sagen. Das empfinden viele Menschen als schroff und ungehobelt. Doch der Skorpion liebt offene Worte und scheut sich auch nicht, die unangenehme Wahrheit zu sagen. Seine Mitmenschen beurteilen ihn jedoch nicht nach dem, was er sagt, sondern danach, wie er es sagt. Das lässt ihn in einem schlechten Licht erscheinen, auch wenn er im Recht ist.

Dies ist seine herausragende Charaktereigenschaft, denn er liebt die Wahrheit und lügt nie. Außerdem sind Skorpione intelligente und geistreiche Menschen, die ein angeregtes Gespräch lieben und selbst gerne als Gastgeber auftreten, weil sie sich in Gesellschaft anderer Menschen wohlfühlen und die Geselligkeit mögen. Sie sind ausdauernde, aufgeschlossene Gesprächspartner, die es geschickt verstehen, eine Unterhaltung zu lenken, wobei sie mitunter durch ihre spöttischen und spitzen Bemerkungen verletzend wirken können. Sie tragen ihr Herz nun einmal auf der Zunge und können nicht aus ihrer ehrlichen Haut heraus. Oft schweigen sie auch, denn als kluge Menschen wissen sie, dass man Streit und Konflikten möglichst aus dem Wege gehen sollte, weil ein erträglicher Vergleich immer besser ist als ein vermeidbarer Streit. Deshalb eignen sie sich auch hervorragend als unparteiische Schlichter in Streitfragen, die andere betreffen. Weniger kompromissbereit zeigen sie sich bei der Verfechtung des eigenen Standpunktes, den sie hartnäckig und verbissen verteidigen, weil ihr Selbstbewusstsein und der Glaube an die eigene Stärke und das eigene Wissen sie nicht einsehen lasen, dass die von ihnen verfochtene Idee oder Meinung nicht richtig ist.

Als energiegeladene, willensstarke Menschen packen sie forsch anstehende Probleme an und mobilisieren alle zur Verfügung stehenden Kräfte, um ans Ziel zu gelangen. Ihre Dynamik führt sie ab und an aber über das Ziel hinaus, denn sie suchen nach Problemen, bohren bei Mitmenschen und hinterfragen auch Kleinigkeiten, um ihren inneren Kräften ein Betätigungsfeld zu bieten. Beim Umgang mit ihnen sollte man beachten, dass man sachlich und korrekt bleibt um ihren Zorn nicht zu erregen und man sollte ihnen zeigen, dass man ihnen Vertrauen schenkt.

Gesundheit

Skorpione haben eine eiserne, robuste Gesundheit, sind von Natur aus selten krank un haben die Veranlagung, sehr alt zu werden. Sind sie einmal krank, versuchen sie dies durch Aktionismus und Unternehmungslust zu überspielen und vermeiden es, bei kleineren Wehwehchen einen Arzt aufzusuchen, weil sie Ärzten generell misstrauen. Skorpione haben oft ein sehr aktives, ja sogar ausschweifendes Sexualleben. Dies ist Ausdruck ihrer inneren Energien und Kräfte, derer sie kaum Herr werden können. Skorpione leiden häufig an Erkrankungen der Geschlechtsorgane, bei Skorpion-Frauen sind dies häufig Menstruationsbeschwerden oder Vaginalentzündungen, während es bei Skorpion-Männern Geschwüre oder Vorhautverengungen sind.

Skorpione sind innerlich aufgewühlt und wissen nicht wohin mit ihrer Energie. Das macht sie so aggressiv, dass sie sich auch selbstzerstörerischen Neigungen hingeben. Bei ihnen kommt es öfter zu Exzessen, die die Gesundheit angreifen können. In der Regel können Skorpione dies jedoch dank ihrer starken Natur wegstecken. Dementsprechend fühlt sich der Skorpion bei harten Sportarten wie Boxen, Karate, Judo und Ringen am wohlsten, weil er hier seine überschüssige Energie loswerden kann.

Bei seiner Ernährung sollte er vor allem darauf achten, keine scharfen Speisen und Gewürze zu sich zu nehmen, da dies seine empfindlichen Nasen - und Magenschleimhäute reizen könnte. Ansonsten gehört er eher zu den Menschen, die nicht fürchten müssen, dick zu werden, auch wenn er nicht peinlich genau auf seine Ernährung achtet.

Der Skorpion wird sowieso selten von körperlichen Krankheiten befallen. Wird er einmal krank, ist dies meist auf seelische Krankheiten zurückzuführen, die von seiner steten inneren Unruhe und seinem explosiven, nach außen drängenden Wesen verursacht werden.

Beruf und Geld

Skorpione können hervorragend mit Geld umgehen und können in jeder beliebigen Situation mit den ihnen zur Verfügung stehenden Mitteln so haushalten, dass sie problemlos über die Runden kommen.

Deshalb ist es ratsam, in der Familie einem Skorpion die Finanzgeschäfte zu übertragen. Dies wird für alle von Vorteil sein, denn von Natur aus haben sie in schwierigen finanziellen Situationen das richtige Gespür und auch das nötige Quentchen Glück, um sich freizuschwimmen. Dazu kennen sie oft wichtige Tricks und Kniffe, um leicht an Geld zu kommen. Das ist sehr wichtig, weil sie wegen ihres nicht gerade einfachen Charakters im Laufe ihres Lebens oft bei ihren Mitmenschen anecken und somit bei Erbschaftsfragen in der Regel nicht großzügig bedacht werden.

Weil Skorpione arbeitsame, fleißige Menschen sind, die mit der nötigen Energie auftreten können, erreichen sie häufig höhere Einkommensstufen.
Am Arbeitsplatz setzen sie sich mit aller Kraft ein, arbeiten mit viel Elan und unterbrechen sich nur selten durch lange Ruhepausen. Seine nicht gerade unkomplizierte Art ist dem Betriebsklima nicht förderlich und deshalb ist er bei den Kollegen nicht sonderlich beliebt. Man schätzt ihn aber wegen seiner Leistungen. Er erledigt alle anfallenden Arbeiten zur Zufriedenheit des Chefs und das bringt ihm die Anerkenung der Kollegen. Das ist ihm sowieso wichtiger als freundschaftliche Beziehungen am Arbeitsplatz. Er mag es nicht, bei der Arbeit über Privatangelegenheiten zu plaudern, und behält Geheimnisse lieber für sich. In sei-

nem Stolz getroffen fühlt er sich, wenn man ihn vor den Augen anderer tadelt. Läuft es an seinem Arbeitsplatz nicht so wie er es sich wünscht, hat er Streit mit Kollegen oder dem Vorgesetzten, ist er schnell bereit, sich beruflich zu verändern und eine neue Stelle zu suchen.

Auch als Vorgesetzter hat der Skorpion seine Licht - und Schattenseiten. Zum einen versteht er es geschickt, Konflikte unter den Untergebenen mit Weitsicht und Klugheit zur Zufriedenheit der Beteiligten gerecht zu lösen. Zum andern verlangt er von seinen Mitarbeitern Disziplin und Leistungsbereitschaft und lässt sie seine harte Hand spüren. Denn neben seiner eigenen Meinung duldet er keine andere und Argumente, die seinen Ansichten widersprechen, stoßen bei ihm auf taube Ohren.

Werden allerdings Arbeiten zu seiner Zufriedenheit erledigt, spart er nicht mit Lob und Anerkennung. Wenn er unzufrieden ist, kann er leicht zornig werden und spart dann nicht mit Kritik. Fehler verzeiht er nur ungern und erinnert sich oft lange Zeit an das Fehlverhalten eines Mitarbeiters, weil bei seinen Untergebenen dieselben hohen Maßstäbe anlegt wie bei sich.

Skorpione bevorzugen Berufe, in denen sie Macht ausüben können, die ihnen Anerkennung bringen und in denen sie in Eigenverantwortung selbständig arbeiten und ihre Ideen verwirklichen können. So ist er häufig in Berufen wie Chirurg, Psychiater, Rechtsanwalt, Pharmazeut, Politiker, Forscher, Ingenieur, Manager oder auch Krankenpfleger tätig. Er wählt Berufe, in denen er ständig vor neuen Herausforderungen steht, die seine geistigen Fähigkeiten beanspruchen und in denen er gezwungen ist, ständig neue

Ideen zu entwickeln, um mit den auftretenden Problemen fertig zu werden. Neue Aufgaben reizen ihn und stacheln ihn zu Höchstleistungen an, und sollte es ihm einmal an neuen Aufgaben mangeln, wird er der Arbeit schnell überdrüssig und sucht sich eine neue Beschäftigung.

Liebe und Partnerschaft

Der Skorpion-Mann

Der Skorpion-Mann ist wie ein Vulkan. Er ist ein zerbrechliches Gefäß, in dem viele ungebändigte, zügellose Kräfte und Energien walten, die es jederzeit zum Bersten bringen können. Er ist ein ungestümer Liebhaber, der eine Frau, die ihm gefällt, unbedingt besitzen muss. Er stellt ihr nach und verwendet seine ganzen Kräfte darauf, sie zu erobern. Er umgarnt sie mit seinem Charme, macht ihr Komplimente und versucht, in ihr Herz vorzudringen. Er ist ein sehr beharrlicher Verehrer, der unbedingt ans Ziel gelangen muss, weil sonst sein Stolz gekränkt würde.

Er imponiert seiner Angebeteten durch seine Intelligenz und seinen Witz, den er über sie versprüht, so dass er oft leichtes Spiel bei den Frauen hat und schon nach kurzer Zeit an sein Ziel gelangt, weil die Frauen seinen Eroberungsgelüsten nicht lange widerstehen können und sich im Sturm von ihm nehmen lassen. Frauen, die sich ohne Widerstand gleich in seine Arme werfen, üben auf ihn jedoch weniger Anziehungskraft aus als Frauen, die ihm eine harte Nuss zu knacken geben und dabei dennoch durchscheinen lassen, dass er in ihr eine sanfte liebevolle Partnerin findet. Das ködert ihn und stachelt ihn an.

Hat er seine Favoritin erobert und in den Hafen der Ehe geführt, erwartet er von ihr jedoch äußersten Respekt. Er will derjenige sein, der bestimmt wo es langgeht. Er will die Partnerschaft führen und die Frau hat sich ihm gefälligst unterzuordnen. Viele Freiheiten lässt er ihr nicht, sie ist jetzt seine Frau und hat sich um ihn und den Haushalt zu kümmern. Sein Machtwille und sein Besitzanspruch machen ihn zu einer Art häuslichem Diktator, der ihr wenig Freiraum lässt, obwohl er sie aufrichtig liebt und sich treu um sie sorgt.

Nie darf sie ihm Grund zur Eifersucht geben oder ihm widersprechen, denn das erregt seinen Zorn. Er ist zwar wahrheitsliebend, doch sollte man mit Kritik und Nörgeleien, auch wenn sie berechtigt sind, sparen, denn das erträgt er nur schwer. Obwohl es ihm gefällt, wenn Frauen sich nicht gleich erobern lassen, liebt er es nicht, wenn seine Ehefrau ihm Widerstand entgegensetzt. Tut sie das, was er will, dann trägt er sie auf Händen und erfüllt ihr ihre Wünsche. Im Grunde seines Herzens ist er nämlich ein treuer, ehrlicher und aufmerksamer Ehepartner, was wegen seiner rauen Schale nur selten zum Vorschein kommt. Beim Sex bricht seine ganze überschüssige Energie aus. Er ist ein feuriger Liebhaber, der sich im Bett als sehr ausdauernd erweist. Romantische Abende als Vorspiel für eine heiße Liebesnacht sind ihm genauso fremd wie der Austausch von langatmigen Zärtlichkeiten.

Er kommt lieber gleich zur Sache und bleibt dann auch oft die ganze Nacht mit Feuereifer dabei. Er ist erfahren und lässt dies die Partnerin spüren, die auch beim Sex nur die zweite Geige spielt. Er zeigt erstaunlich viel Fantasie und überrascht sie immer wieder mit neuen Ideen, die manchmal sehr ausgefallen sein können.

Alles in allem ist der Skorpion-Mann ein liebevoller, ehrlicher Partner, der einige Schwachpunkte und Fehler hat. Diese sollte man ihm jedoch verzeihen, denn er kann einfach nicht aus seiner harten Skorpionhaut heraus und seiner Umgebung seinen weichen Kern zeigen, weil er dadurch über seinen Schatten springen müsste. Skorpione sind halt Menschen, die es als Zeichen der Schwäche ansehen, ihr Innerstes nach außen zu kehren und und mehr als das Notwendigste von sich preiszugeben.

Die Skorpion-Frau

Auch Skorpion-Frauen sind - wie ihre männlichen Pendants - Menschen, in denen das Feuer der Liebe brennt. Ihre glühenen Blicke versprühen Erotik und ziehen die Männer in ihren Bann. Sie hat ein bewegtes Liebesleben und es gibt viele Männer, die ihrem Charme und ihren schönen Augen erliegen. Sie ist beständig auf der Suche nach dem Mann fürs Leben. Sie braucht meist viele Versuche, um den Richtigen zu finden.

Sie stellt nämlich hohe Ansprüche an einen Mann. Stolz und klug soll er sein, willensstark und dabei auch hingebungsvoll. Aber vor allem soll er nur ihr gehören. Sie will ihn ganz für sich allein, und zwar so, wie sie es will. Denn keinesfalls ist sie bereit, sich nach den Vorstellungen eines Mannes zu richten und seinem Idealbild zu entsprechen. Ein echter Mann soll er sein, der jedoch nur ihr zu Diensten sein soll, sie umgarnen und verwöhnen soll, ohne ihr dabei den Freiraum, den sie braucht, zu nehmen.

Vor allem muss er bereit sein, sich von ihr nach dem Idealbild, das ihr vorschwebt, umgestalten zu lassen. Wenn er nicht so will wie sie und sich nicht ihren Wünschen gemäß verhält, verletzt er ihre Hoheitsrechte und die Beziehung wird schnell ein Ende finden. Der Mann ihrer Träume muss mit viel Geduld, Toleranz und Einfühlungsvermögen ausgestattet sein, um ihren manchmal launischen Charakter ertragen zu können. Er sollte verständnisvoll sein und auch ihre Leidenschaft erwidern, damit ihr nicht langweilig wird.

Skorpion-Frauen brauchen die Freiheit. Ein Mann darf sie nicht ständig überwachen, denn das engt sie ein. Vor allem lässt sie sich nur ungern in die Karten schauen. Sie mag es nicht, wenn er in ihrer Vergangenheit herumschnüffelt und ihr Fragen stellt, bei denen sie ihre geheimsten Gedanken und Fantasien offenbaren muss. Er darf auch nicht gleich eifersüchtig werden, wenn sie einmal einen kurzen Blick auf andere Männer wirft. Sie genießt ihren Erfolg bei den Männern, deren bewundernswerte Blicke sie mit Stolz erfüllen und ihr das nötige Selbstbewusstsein verleihen. Sie ist jedoch treu und liebt ihren Mann zu sehr, um ihn zu hintergehen. Er darf ihr aber keinen Grund zur Eifersucht und zu Misstrauen geben. Schon auf kurze Seitenblicke ihres Mannes reagiert sie mit heftigem Streit und Szenen, die ihm dies ein für allemal vergällen sollen. Das kratzt nämlich an ihrem Selbstwertgefühl und sie fühlt sich dadurch ins Abseits gestellt. Aus diesem Grund muss der Mann mit der Gabe, verzeihen zu können, ausgestattet sein, denn ohne Nachsichtigkeit für ihre überschäumende Energie kann eine Beziehung mit Skorpion-Frauen leicht in Dauerstress ausarten. Sie können mit ihrer Meinung nicht hinter dem Berg halten und reagieren impulsiv, unüberlegt und sagen im Eifer des Gefechts Dinge, die sie eigentlich gar nicht so meinen.

Nicht viele Männer wagen diesen Spagat zwischen eigenem Willen und dem Machtanspruch der Skorpion-Frau und suchen schon nach kurzer Zeit fluchtartig das Weite. Kein Mann will sich freiwillig einer Frau unterordnen, die ihm ihren Willen und ihre Vorstellungen aufzwängen will.

Deshalb sind Skorpion-Frauen oft allein, weil viele Männer sich nicht trauen, mit dieser machthungrigen Frau, eine Beziehung einzugehen, weil sie dadurch ihre Männlichkeit und ihre Freiheiten beschnitten sehen.

Dabei sollte man sich als Mann überaus glücklich schätzen, eine Frau dieses Kalibers geangelt zu haben. Sie ist treu, ehrlich, leidenschaftlich und intelligent. Skorpion-Frauen können jedoch auch ohne einen Mann auskommen. Sie haben aufgrund ihres Durchsetzungsvermögens Erfolg im Beruf und können auf eigenen Beinen durchs Leben stolzieren. Deshalb sind Skorpion-Frauen auch nie mit der Rolle des Hausmütterchens zufrieden. Sie wissen um ihre Fähigkeiten und wollen diese im Arbeitsleben anwenden. Allein die große Liebe zu ihren Kindern könnte sie dazu bewegen, ihre eigenen Interessen zurückzustellen und sich ganz den Fragen der Erziehung und dem Haushalt zu widmen.

Auch beim Sex wollen sie die Hauptrolle spielen. Haben sie erst einmal einen Mann für sich auserkoren, so kommen sie ohne Umschweife direkt zur Sache und zeigen ihm unverhohlen ihr Interesse an ihm. Sie sind selbstbewusst genug selbst die Initiative zu ergreifen und den ersten Schritt zu tun. Sie übernehmen auch im Bett gerne die Führung, sind anschmiegsam, sehr leidenschaftlich und verlangen viel von seiner Manneskraft. Sie entwickeln viel Fantasie und nutzen die Länge der Nacht, um ihn zu testen und ihre Ideen auszuprobieren.

Die Kinder will sie ganz nach ihrem Vorbild großziehen. Sie lässt ihnen fast alle Freiheiten und achtet darauf, dass sie schon in jungen Jahren selbständig sind und für sich selbst sorgen können.

Das Zusammenleben mit einer Skorpion-Frau wird selten langweilig. Ihr kraftstrotzendes, energiegeladenes Wesen sorgt immer wieder für Überraschungen und neue Wendungen in einer Beziehung, so dass ein Versuch mit ihr auf jeden Fall die Mühe lohnt.

Wer passt zum Skorpion

Skorpione gehen in der Regel mit Fischen und Krebsen vielversprechende, lang andauernde Partnerschaften ein. Mit dem Skorpion verbindet sie sowohl körperliche als auch seelische Verwandtschaft, so dass es oft zu innigen, vertrauensvollen und aufrichtigen Beziehungen kommen kann.

Auch von Beziehungen mit dem Schützen oder dem Steinbock ist dem Skorpion nicht abzuraten. Der Schütze stützt durch seine positive Lebenseinstellung den Skorpion, während der Steinbock und der Skorpion sich durch ihre Eigenschaften gut ergänzen.

Waagen und Jungfrauen passen ebenfalls zu Skorpionen und können eine harmonische Partnerschaft miteinander eingehen.

Der aggressive Skorpion und der verletzliche Wassermann können nur dann miteinander, wenn beide viel guten Willen mit in die Beziehung bringen.

Stiere und Widder können nur unter großen Mühen eine Beziehung mit Skorpionen eingehen, denn sie ähneln sich in ihren Eigenschaften und sind nur selten bereit sich anzupassen.

Beziehungen zwischen Löwen und Skorpionen sowie Zwillingen und Skorpionen werden oft durch Streit zerrüttet.

Berühmte Skorpione

Karl Baedeker, 3. November 1801
James Cook, 27. Oktober1728
Fjodor Michajlowitsch Dostojewskij, 11. November 1821
Charles de Gaulle, 22. November 1890
Indira Ghandi, 19. November 1919
Martin Luther, 10. November 1483
Selma Lagerlöf, 20. November 1858
Marie Antoinette, 2. November 1755
Nicolo Paganini, 27. November 1782
Pablo Picasso, 25. November 1881
Friedrich Schiller, 10. November 1759
Francois Marie Voltaire, 21. November 1694

Schütze

(23. November bis 21. Dezember)

SCHÜTZE
(23. November bis 21. Dezember)

Planet: Jupiter
Element: Feuer
männlich
Farbe: türkis
Metall: Zinn
Steine: Granat, Lapislazuli, dunkler Saphir
Zahl: 3

Der neugierige Schütze

Bemerkenswert bei Schützen ist ihr Drang nach Unabhängigkeit. Sie wollen sich ständig verändern und etwas Neues kennenlernen.

Der Schütze ist ein Individualist, dem Wandel und Wechsel im Blut liegen. Er liebt das Abenteuer und ist bereit, Risiken einzugehen, um ein einmal gestecktes Ziel zu erreichen. Ständig trachtet er danach, neue Ufer zu anzusteuern, um seinen Horizont zu erweitern. Er hat bei seinen Unternehmungen und Plänen das Glück gepachtet und gerät selten in eine kritische Situation, aus der er sich nicht mehr befreien kann, ohne Schaden zu nehmen. Sein unerschütterlicher Optimismus und seine durchweg positive Lebenseinstellung sind die Garanten seines Erfolges und sorgen dafür, dass auch scheinbar ausweglose Situationen gemeistert werden. Nicht immer handelt er überlegt, sondern instinktiv; aber das macht er durch sein forsches, lockeres Auftreten wett.

Im Umgang mit seinen Mitmenschen ist er impulsiv und lässt sich von seinen Gefühlen lenken. Seine direkte Art, eine Sache beim Namen zu nennen und Gedanken und Gefühlen offen Ausdruck zu verleihen, kommt bei Mitmenschen nicht immer an und verursacht Missverständnisse. Seine verbalen Schnellschüsse wirken teilweise verletzend und lassen ihn als taktlos und rechthaberisch erscheinen. Doch der Schein trügt. Er hat einen einen ausgeprägten Gerechtigkeitssinn und ist nicht zu stolz, Fehler einzugestehen.

Hat er einmal eingesehen, dass sein Temperament wieder mit ihm durchgegangen ist und er jemanden beleidigt hat, geht er auf sein Gegenüber zu und reicht ihm in ehrlicher Absicht die Hand zur Versöhnung. Das macht diesen Idealisten, der kein Unrecht duldet, beliebt bei seinen Mitmenschen. Trotz der genannten Unzulänglichkeiten schätzt man ihn als geistreichen, redseligen und offenen Gesprächspartner, der sich einem nicht verschließt und schon mal zur Plaudertasche werden kann.

Man fasst schnell Vertrauen zu ihm und akzeptiert ihn als echten Freund, dem man seine Sorgen anvertrauen kann. Der Schütze ist ein heiterer und freundlicher Zeitgenosse, der niemandem seine Hilfsbereitschaft verweigert und auch die Meinung Andersdenkender tolerieren kann.

Als redegewandter und eloquenter Mensch liebt er lange Gespräche, Diskussionen und geselliges Beisammensein unter Freunden. Hier glänzt er durch seine Schlagfertigkeit und sein selbstsicheres Auftreten, das nie aufdringlich wirkt und von anderen als angenehm und unterhaltsam empfunden wird.

Deshalb verzeiht man ihm schnell seine zuweilen sarkastischen und bissigen Bemerkungen, die er manchmal von oben herab in einem belehrenden Ton macht.

Er ist ein kritischer Geist, der viel nachdenkt und dessen Wissensdurst kaum zu stillen ist. So hat er immer offene Augen und Ohren für neue Ideen, Gedanken und Anregungen und versucht mit Ehrgeiz, seinen geistigen Horizont zu erweitern.

Für einen problemlosen Umgang mit Schützen muss man unbedingt beachten, sie nicht in ihrem Freiheitsdrang zu beschränken und ihnen geduldig mit Aufmerksamkeit zuzuhören. Der Schütze liebt offene, direkte Worte und deswegen sollte man ihm gegenüber denselben Ton anschlagen. Ehrlichkeit und Geradlinigkeit versteht er besser als versteckte Hinweise oder Nachrichten, die erst auf Umwegen zu ihm gelangen.

Seine kleinen Ausrutscher und Fehler muss man mit Nachsicht auf sich beruhen lassen. Sein Gerechtigkeitssinn lässt ihn Fehler schnell einsehen. Er ist durchaus bereit, sich zu entschuldigen und Besserung zu geloben.

Da Schützen Menschen sind, die viel nachdenken über das, was um sie herum vorgeht, und die auch eine gewisse Kombinationsgabe besitzen, ist es kein Fehler sich ihnen anzuvertrauen und einen Rat bei ihnen einzuholen.

Gesundheit

Der Schütze ist von Mutter Natur mit viel Energie ausgestattet worden. Deshalb ist er oft unruhig und ungeduldig und kann nicht für längere Zeit bei einer Sache verharren. Man könnte ihm sogar vorwerfen, hektisch zu sein. Er ist emotionsgeladen und braucht sowohl geistig als auch körperlich viel Bewegung. Ohne permanente Aktivitäten kann er seine Unternehmungslust nicht stillen und langweilt sich. Das führt dazu, dass er seinen Körper Stresssituationen aussetzt, in unnötige Hektik und Aktionismus verfällt und so seinem Organismus Strapazen zumutet, die eigentlich zu vermeiden wären.

Es gibt für ihn nichts Schlimmeres als Ärzte, die ihm Bettruhe verordnen, wenn er wieder einmal zu viel wollte und seinen Körper unnötigen Belastungen ausgesetzt hat. Durch sein unstetes, stürmisches Wesen hat er oft Kreislaufprobleme und Schwindelgefühle, denn erholsamer, langer Schlaf ist ihm ein Gräuel, der ihm innerlich Schmerzen bereitet.

Dieser Bewegungsdrang, der fast schon ein Zwang ist, wirkt sich vor allem auf sein Nervenkostüm aus. Dieses ist ständig angekratzt und seine dünne Hülle schützt ihn nicht vor Einwirkungen von außen oder Ausbrüchen von innen. Er neigt zu heftigen, überzogenen Reaktionen, ja sogar Wutanfällen. Das belastet neben dem Verhältnis zu seinen Mitmenschen auch seine Galle und seine Leber.
Diese unkontrollierten Gefühlswallungen machen auch seiner Haut zu schaffen. Häufig auftretende Allergien, Ausschläge, Ekzeme, aber auch Herpes sollten ihm eine Warnung sein.

In besonderem Maße kommen beim Schützen aufgrund seines unbändigen Bewegungsdranges und seines aktiven Lebenswandels Erkrankungen des Bewegungsapparates vor. Er leidet an Entzündunen der Gelenke, vor allem Hüftgelenkserkrankungen, aber auch Ischiaserkrankungen.

Was die Ernährung angeht, so ist der Schütze ein Genießer. Er liebt alles, was gut schmeckt und ungesund ist. Ohne ein schlechtes Gewissen zu bekommen verköstigt er sich an Fleisch, scharfen Gewürzen und dicken Soßen. Es kommt vor, dass er versucht, Ärger, Kummer und heftigen Zorn mit Süßigkeiten hinunterzuschlingen, ohne auf seine Gesundheit zu achten.

Besser wäre es, wenn er sich des öfteren Beschränkungen auferlegen würde. Weniger Alkoholkonsum und Zigaretten würde ihm seine Leber sicherlich danken. Ebenso könnte sein Kreislauf, der ständig mit Schwindelanfällen wegen Schlafmangel zu kämpfen hat, aufatmen.

Bei seiner Ernährung sollte er auf schwere Kost verzichten. Lieber mal weniger Fleisch essen, und dafür etwas mehr Geflügel, aber vor allem frisches Gemüse, viel Salat, Obst und anstelle von Bier und Schnaps einen gesunden Kräutertee oder einen frisch gepressten Saft, damit seine Verdauung angeregt und seine Leber entlastet wird.

Er muss sich darüber im Klaren sein, dass er wegen seiner vielfältigen Aktivitäten und Unternehmungen einem besonders hohen Verletzungsrisiko ausgesetzt ist. Er sollte nicht über die Stränge schlagen, auch wenn es ihn viel Überwindung kostet.

Gemäß seiner Natur und seines Charakters liegen ihm Sportarten, in denen er sich viel bewegen kann, in denen er Kontakt mit Menschen hat. Hierzu gehören vor allem Sportarten wie Reiten, Fechten, Schwimmen und Leichtathletik in all ihren Variationen. Schütze-Frauen, die sich durch ein ausgeprägtes Rhythmusgefühl auszeichnen und sich sehr anmutig und graziös bewegen, lieben häufig das Tanzen.

Um gesund zu bleiben, müssen Schützen Exzesse aller Art meiden. Sie sind zwar umtriebig und aktiv, doch sollten sie im Rahmen des Machbaren bleiben, um ihren Körper, der mit vielen Energien ausgestattet ist, nicht zu schinden.
Falsch wäre es auch, wenn ein Schütze seinen Kräften nicht freien Lauf lässt und zum Stubenhocker wird. Das ist für einen aktiven, ideenreichen Menschen wie ihn der beste Weg, krank zu werden.

Beruf und Geld

Der Schütze achtet bei seiner Berufswahl nicht so sehr auf die Entlohnung, sondern mehr darauf, dass er eine interessante, abwechslungsreiche Tätigkeit hat, die seinem forschenden Wesen entspricht und seine geistigen Fähigkeiten beansprucht. Das sollte er abstellen, denn nichts spricht dagegen, sich Leistung in gebührendem Umfang bezahlen zu lassen.

Durch ihren sprunghaften, risikofreudigen Charakter verlieren die Schützen oft den Blick für die Realität. Gerade in finanziellen Angelegenheiten ist dies sehr gefährlich, weil sie geneigt sind, sich auf obskure Geldgeschäfte einzulassen. In Sachen Geld ist es für Schützen ratsamer, auf sichere Anlageformen, die altbewährt sind, zurückzugreifen, obwohl dies nicht ihrem experimentierfreudigen Charakter entspricht.

Wenn der Schütze im Laufe seines Lebens seine Genusssucht, die manchmal in Verschwendungssucht ausartet, zügeln kann, wird er im Alter ein gesichertes Auskommen haben, weil er in der Regel einen Beruf ergreift, der ihn finanziell so stellt wie es seinen Bedürfnissen entspricht.

Seine persönlichen Geldgeschäfte sollte er jedoch lieber von anderen führen lassen. Am besten lässt er einen Fachmann nach den für ihn günstigsten Spar- und Anlageformen suchen oder er gibt seine Finanzen einfach in die Obhut seines Lebenspartners oder Ehegatten.

Der Schütze ist ein Mensch, der sich in einer untergeordneten Position nicht besonders wohl fühlt. Er empfängt nicht gern Befehle, weil er sich dadurch eingeengt fühlt. Er braucht einen Beruf, in dem er sich und seine zahlreichen Ideen verwirklichen kann, einen Beruf, der ihm seine Freiheiten lässt und in dem er möglichst selbständig arbeiten kann. Dies muss eine Arbeit sein, in der er mit seinem Draufgängertum und seiner Klugheit hochgesteckte Ziele erreichen kann.

Auf jeden Fall aber muss der gesellige Schütze in einem Job arbeiten, in dem er viel Kontakt zu Menschen hat. Er arbeitet gern mit Ausländern zusammen, weil er mit ihnen seinen Horizont erweitern und neue Kulturen kennen lernen kann.

Seinem Naturell entsprechen auch Berufe, die im Freien ausgeübt werden und bei denen er umherreisen kann. In einer engen Amtsstube oder einem kleinen Büro kann er seinen Bewegungsdrang nicht ausleben. Das lässt er nur über sich ergehen, wenn er eine Position erreicht hat, die seinen gehobenen Ansprüchen gerecht wird. Denn er legt viel Wert auf eine angesehene Stellung, weil er hier unabhängig sein kann. Oft erreicht er diese, weil er geistig aktiv und rege ist und durch seine Gewitztheit einen guten Schul - oder gar Studienabschluss erzielt hat. Im Berufsleben mag er den Umgang mit Menschen seines Schlages, denn so kann er ständig neue Erfahrungen sammeln und seinen Wissensschatz vergrößern. Bei Schütze-Frauen ist auffällig, dass sie nach Gleichberechtigung drängen und ihren männlichen Kollegen in nichts nachstehen wollen; denn sie besitzen dieselben guten Fähigkeiten und Eigenschaften, so dass sie sich keinesfalls verstecken müssen.

Als Untergebene ist mit Schützen oft nicht gut Kirschen essen. Befehle führen sie nur unter Murren aus, weil sie immer unabhängig sein wollen. Es hat den Anschein, als ob sie ihrem Chef nicht viel Respekt entgegenbringen, weil sie ihre eigene Meinung verteidigen und selten wirklich die Meinung oder die Vorschläge eines anderen akzeptieren. Auch unter den Kollegen sorgt der Schütze dafür, dass keine Langeweile aufkommt. Durch sein offenes Auftreten, bei dem er zuweilen kein Blatt vor den Mund nimmt und seine Gedanken frei herausposaunt, verursacht er so manches Missverständnis, ja sogar Streit. Allerdings kann er durch seinen konzilianten Charakter, der ihn Fehlverhalten eingestehen lässt, verlorene Sympathien wiedergewinnen.

Als Chef er ist vor allem entgegenkommend und verständnisvoll, ein Vorgesetzter, der immer ein offenes Ohr für seine Mitarbeiter hat. Er spart nicht mit Lob, wenn eine Arbeit korrekt verrichtet wurde, und vor allem liebt er selbständiges Arbeiten. Er ist niemand, der über jeden Arbeitsschritt genau Bescheid wissen muss, sondern er lässt seinen Mitarbeitern Freiräume, um eigene Ideen einzubringen.

Im Sinne eines guten Betriebsklimas sieht er es nicht gern, wenn sich unter Kollegen Grüppchen bilden. Er bevorzugt offene Worte, auch wenn ihn das manchmal etwas schroff erscheinen lässt.

Berufe, in denen die Fähigkeiten des Schützen am besten zur Geltung kommen, sind die des Lehrers (Sportlehrer), Reporters, Dolmetschers, Journalisten, Händlers oder Kaufmanns.

Liebe und Partnerschaft

Der Schütze-Mann

Die Männer dieses Sternzeichens leben auch in der Liebe die Unabhängigkeit. Sie lassen sich nicht gerne binden, weil sie glauben, ihre Freiheit gehe dadurch auf Nimmerwiedersehen verloren. Deshalb finden sich unter ihnen auch besonders viele Junggesellen.

Der Schütze ist experimentierfreudig und stets auf der Suche nach neuen Abenteuern mit Frauen. Obwohl er als geselliger Mensch die Zweisamkeit liebt, geht er nur widerwillig eine feste Partnerschaft ein. Das bedeutet für ihn das Ende seines schönen Streunerlebens, in dem er so viel erleben und viele schöne Frauen kennenlernen kann. Der Abwechslung halber streunt er von Frau zu Frau und betört sie jedes Mal aufs Neue mit seinem Charme und geistreichen Witz.

Seine Entschlussfreudigkeit und sein impulsiver Charakter, die ihn oft zu übereilten Schritten und Reaktionen verleiten, sind der Grund dafür, dass er sich schnell für eine Frau begeistern kann. Er stürzt sich kopfüber in eine Beziehung und merkt dabei nicht, dass die Neue doch nicht die Richtige ist.

Seine Abenteuerlust führt ihn in viele Länder, in denen er auch dem weiblichen Geschlecht hinterherjagt. Er ist ein ewiger Wanderer, der die Herausforderung sucht und neuen Erfahrungen, seien sie gut oder schlecht, immer positive Seiten abgewinnen kann. Denn seine Wissbegierde und Neugier sind kaum zu stillen.

So kommt es vor, dass er scheinbar zur Ruhe gekommen ist und sich häuslich niedergelassen hat, sich dann ohne große Erklärungen verabschiedet und das Weite sucht, weil sein Tatendurst in ihm wieder erwacht ist. Es kann aber auch an seiner fehlenden Entschlusskraft liegen, die ihn davon abhält, den letzten entscheidenden Schritt in den Hafen der Ehe zu wagen.

Um ihn auf sich aufmerksam zu machen, sollten sich Frauen auf jeden Fall schick anziehen und mit ihren Reizen spielen. Man muss sich geschickt verhalten, um aus seiner großen Bewerberinnenschar ausgewählt zu werden. Man muss ihm sein Interesse an einer Beziehung mit ihm zeigen und ihn mit Witz und Schlagfertigkeit von seinen eigenen Vorzügen überzeugen. Hat er angebissen besorgt er den Rest schon alleine und wird sie mit seinem umwerfenden Charme und seiner Vertrauen erweckenden Art in seinen Bann schlagen.

Man darf ihn nicht drängen und auf keinen Fall schon nach kurzer Zeit in eine zu feste Partnerschaft hineindrängeln, oder gar von Heirat sprechen. Darauf reagiert er mit Unverständnis und Ablehnung, weil er sich in der Gefahr wähnt seine über alles geliebte Bewegungsreiheit und Unabhängigkeit zu verlieren.

Er fühlt sich in die Ecke gedrängt, weil man eine Entscheidung von ihm verlangt, die er noch nicht oder gar nicht treffen will. Entgegen seiner sonst sehr höflichen Art kann er dann mit Sarkasmus reagieren und verschwindet genauso schnell aus ihrem Leben wie er aufgetaucht war.

Hat eine Frau es geschafft, einen Schützen in den Hafen der Ehe zu lotsen, kann sie sich über ihren Fang glücklich schätzen. Wenn sie ihm ein wenig Freiraum lässt in dem er sich austoben kann, wird er ihr keine Schwierigkeiten machen, sondern ihr mit den vielen guten Charaktereigenschaften, die er hat ein schönes Eheleben bereiten.

Sie sollte nicht dagegen sein, wenn er seine eigenen Hobbys pflegen, sich mit Freunden am Stammtisch treffen oder auch ohne seine Angetraute eine Reise machen will. Sie wird nichts verpassen, denn in seiner ehrlichen, offenen Art wird er ihr alles erzählen und sogar kleine Sünden beichten.

Die Kinder des Schütze-Mannes haben ein schönes Leben. Er hält nicht viel von strenger Erziehung, Strafen oder Arresten. Er will die Kinder ganz nach seinem Charakter erziehen. Sie sollen die Natur und die Welt kennen lernen, ohne irgendwelchen Zwängen unterliegen zu müssen, so dass sie sich frei und ungestört entwickeln können.

Obwohl der Schütze-Mann ständig neuen Abenteuern nachjagt, ist er nicht nur auf Sex aus. Es geht ihm mehr um das Erobern und das Vorgeplänkel, bei dem er seine Stärken ausspielen kann. Er ist ein Liebhaber, für den Sex wichtig ist, der bei ihm aber nicht die Hauptrolle spielt. Er macht ihm Spaß und gehört einfach zur Liebe dazu. Seitensprünge resultieren nicht aus seiner Gier nach Sex, sondern aus dem Drang heraus immer wieder etwas Neues auszuprobieren.

Als Ehemänner sollten Schützenmänner darauf achten, dass sie durch ihre schlagartig wechselnden Stimmungen, die von Wutausbrüchen bis zu Lachanfällen reichen können, ihrer Frau das Leben nicht zu schwer machen.

Vor allem sollten sie nicht schon bei kleinen Problemen die Flinte ins Korn werfen. Besser wäre es mit einem ehrlichen, klärenden Gespräch, das der Sache auf den Grund geht, den Streit aus der Welt zu schaffen.

Schütze-Männer sollten auch ihre Scheu ablegen zu heiraten, denn im Grunde ihres Herzens sind sie Geschöpfe, die die Zweisamkeit lieben und sich das Glück an der Seite einer einzigen Frau erträumen.

Die Schütze-Frau

Die Schütze-Frau ist in der Liebe ähnlich erfolgreich wie ihr männliches Pendant. Ihre heiteres, lebenslustiges Wesen, das gepaart ist mit einer natürlichen Freundlichkeit, wirkt auf die meisten ihrer Mitmenschen ansteckend und äußerst sympathisch. Hinzu kommt ihr Charme, der unterstützt wird von ihrer Anmut und Grazie, die sie auch in Kleidern von der Stange noch elegant erscheinen lässt.

Sie ist vielseitig interessiert und nach allen Seiten offen. Sie mag es nicht, sich auf etwas festzulegen. Zu ihren herausragenden Eigenschaften gehören ihre Ehrlichkeit, der Mut einen eigenen Kopf zu haben und einen eigenen Stil zu pflegen, sowohl was ihre Kleidung, als auch ihren Lebensstil angeht. Sie lässt sich von niemandem in ihre Angelegenheiten hineinreden und von einem einmal gefassten Entschluss rückt sie nur nach langem Zögern ab.

Sie ist sehr gesellig und kann sich hervorragend in der Öffentlichkeit präsentieren. Sie hat als redseliger, schlagfertiger Mensch Spaß an Diskussionen und langen Gesprächen. Dabei ist ihr kein Thema zu heiß, denn sie hat einen wachen Geist, der an vielen Dingen, sei dies nun Kunst, Politik oder auch Sport, interessiert ist.

Wegen ihrer aufrichtigen Art, die sie manches unbedachte Wort ausplaudern lässt, gilt sie als geschwätzig und wirkt auf viele, die sie nicht kennen, unhöflich, schroff und beleidigend.

Ein großer Freundeskreis sorgt dafür, dass ihr nicht langweilig wird, denn das ist das,was sie am wenigsten vertragen kann. Sie liebt das gesellige Treiben mit Freunden und Bekannten, vor allem dann, wenn sie im Mittelpunkt steht.

Wie ihr männliches Pendant ist sie in der Liebe nicht konstant und konsequent. Sie ist ständig auf der Suche nach ihrem Traummann, scheut dann aber oft in letzter Sekunde vor dem entscheidenden Schritt zurück, weil sie sich nicht sicher ist. Dann dreht sie sich wie ein Fähnchen im Wind und verlässt ihren Partner, der ihr nur verdutzt hinterherschauen kann, weil er sich keiner Schuld bewusst ist.

Der Mann, der sie erobern will, muss hohe Ansprüche erfüllen können. Sie liebt Luxus und reist für ihr Leben gern, so dass man ein dickes Portemonnaie mitbringen muss, um sie zufriedenzustellen.

Es ist nicht schwer, ihr nahe zu kommen, weil sie sehr aufgeschlossen und nie einem Abenteuer abgeneigt ist. Viel schwerer ist es, sie zu halten, denn schon wenig Sand im Getriebe der Partnerschaft veranlasst sie zu einer Trennung. Nach einer Trennung dauert die Trauer nicht lange, die Schütze-Frau wendet sich sofort neuen Männern zu und sucht dort ihr Glück.

Denn gerade sie, die Unstete, träumt vom Glück an der Seite eines treu sorgenen Ehemannes in einem schönen Heim mit Kindern, die ihr endlich Halt und Geborgenheit geben könnten.

Der Mann, der eine Schütze-Frau ehelicht, kann sich glücklich schätzen, eine so temperamentvolle, ehrliche und gefühlvolle Frau in seinen Händen zu halten. Wenn er ihr den nötigen Freiraum lässt und keine Geheimnisse vor ihr verbirgt, kann sie sein Leben verschönern und kurzweilig gestalten.

Sex ist für die Schütze-Frau keine Besessenheit. Sie mag das Liebesspiel, aber es gibt wichtigere Dinge auf dieser Welt für sie.

In der Ehe sollte sie darauf achten, manchmal ihre Zunge zu hüten und nicht bei jeder Gelegenheit dem Gatten ihre kritische Meinung ins Gesicht zu sagen. Sie sollte sich ihre Freiräume erhalten und auch alleine etwas auf eigene Faust unternehmen. Das gibt ihr Selbstvertrauen und hilft beiden Ehepartnern eine glückliche Partnerschaft zu führen.

Wer passt zum Schützen

Verbindungen mit Schützen sind nie einfach, denn der Schütze ist ein ausgesprochener Individualist.

Löwe und Schütze ergänzen sich gut, denn es verbindet sie oft eine tiefe Zuneigung. Auch mit einem Widder an der Seite fühlt er sich sehr wohl, weil der energische Widder dem aktiven Schützen in nichts nachsteht.

Zwillinge und Schützen eignen sich nicht als Partner von Schützen. Beide haben genug mit sich selbst zu kämpfen und können nicht viel Aufmerksamkeit und Mühe auf einen Schützen-Partner verwenden.

Mit Waagen verbindet Schützen eine seelische Verwandtschaft, während Stiere auf sexueller Ebene dem Schützen nahe stehen.

Wassermänner sind den Schützen sehr wesensverwandt in ihrem Streben nach Individualität, wohingegen Jungfrauen und Steinböcke den Schützen zu sehr einengen.

Fische sind den Schützen oft zu sehr in sich gekehrt. Skorpione sollten sich wegen ihrer Eifersucht von Schützen fernhalten, während dem Krebs einiges an Schwung und Elan abgeht, um mit einem Schützen zurechtzukommen.

Berühmte Schützen

Ludwig van Beethoven, 16. Dezember 1770
Hector Berlioz, 11. Dezember 1803
Willi Brandt, 18. Dezember 1913
Carl Benz, 25. November 1844
Leonid Breschnew, 19. Dezember 1906
Maria Callas, 3. Dezember 1923
Anders Celsius, 27. November 1701
Winston Churchill, 30. November 1874
Walt Disney, 5. Dezember 1901
Friedrich Engels, 28. November 1820
Maria Stuart, 8. Dezember 1542
Marie Tussaud, 1. Dezember 1760

Steinbock

(22. Dezember bis 20. Januar)

STEINBOCK
(22. Dezember bis 20. Januar)

Planet: Saturn
Element: Erde
weiblich
Farbe: dunkelgrün, dunkelblau, schwarz
Metall: Blei
Steine: Chrysopras, Onyx
Zahl: 8

Der zuverlässige Steinbock

Der Steinbock kann im System der Tierkreiszeichen als die Fleißbiene bezeichnet werden. Er ist ein Mensch der mit beiden Beinen mitten im Leben steht und nicht irgendwelchen hochgesteckten Zielen hinterherrennt. Er hat einen ausgeprägten Sinn für die Realität und das was machbar ist und im Bereich des Möglichen liegt. Die Ziele, die er sich setzt, kann er alleine, ohne fremde Hilfe, erreichen. Er krempelt die Ärmel hoch, macht sich ans Werk und gelangt durch zähes, gewissenhaftes Arbeiten schließlich ans Ziel.

Diese Zähigkeit und diese Beharrlichkeit helfen ihm, Rückschläge wegzustecken. Mehr noch als das. Er kann sich an ihnen aufrichten, um dann mit noch größerem Ehrgeiz ein Ziel zu erreichen.

Steinböcke sind leise Menschen. Durch ihren unauffälligen, stillen und bescheidenen Charakter fallen sie wenig auf. Das liegt in ihrer Absicht, denn sie sind ein wenig eigenbrötlerisch und fühlen sich in der Gesellschaft vieler

Menschen oft nicht besonders wohl. Sie vermeiden es im Mittelpunkt zu stehen und sich zu präsentieren. Das vertrauliche Gespräch unter vier Augen mit einem echten Freund ist ihnen lieber. Das bringt ihm den Ruf ein, einfältig, spröde und witzlos zu sein.

Steinböcke sind aber nur vorsichtig und wählen sich die Menschen, mit denen sie verkehren genau aus, auch wenn es ihnen den Vorwurf einbringt, arrogant und unnahbar zu sein. Auf den ersten Blick scheint er ziemlich mürrisch zu sein. Und in der Tat gehört die einladende Herzlichkeit nicht zu seinen Charaktereigenschaften. Es dauert lange, bis man sich als seinen Freund bezeichnen kann und er beginnt, jemandem seine geheimsten Gedanken anzuvertrauen und ihn ganz nah an sich heranzulassen.

Er strebt nach materiellen Werten und setzt auch manchmal seine Ellbogen ein um sie zu ergattern. Für ihn selbst ist das Konsequenz, für die anderen Rücksichtslosigkeit.

Der Steinbock liebt feste, gesicherte Verhältnisse, schnelle Richtungswechsel, Entschlussfreudigkeit und Spontaneität gehören nicht zu seinem Repertoire.

Er arbeitet sich lieber langsam auf einem geraden, vorgezeichneten Weg ohne abrupte Richtungswechsel nach oben.

Steinböcke sind als pflichtbewusste, geradlinige Menschen natürlich auch sehr hilfsbereit.

Man sollte versuchen, Steinböcken mit Offenheit zu begegnen, um Probleme aus der Welt zu schaffen. Sie lieben die Wahrheit und werden einem klärenden Gespräch nicht aus dem Wege gehen. Allerdings sollte diese Aussprache unter vier Augen stattfinden, denn Steinböcke meiden die Öffentlichkeit und dies erst recht, wenn man über ihre presönlichen Dinge redet. Man möchte es kaum glauben, doch trotz ihrer rauen Schale haben sie einen sensiblen, feinfühligen Charakter. Deswegen sollte man, um seine Gunst zu erwerben, ruhig ein paar anerkennende Worte an den Steinbock richten, die das Eis um ihn herum schmelzen lassen.

Das stärkt sein Selbstbewusstsein und stachelt seinen Ehrgeiz weiter an. Man sollte sich nicht wundern, wenn Steinböcke ab und an ihrem Ärger und ihrem Zorn durch unvermittelte Zornesausbrüche und Phasen der Schwermut Luft machen. Sie neigen dazu, über Probleme nicht zu reden, sondern Stress und Unmut in sich hineinzufressen bis ein Punkt erreicht ist, an dem sie mit ihren Gefühlen nicht mehr hinter dem Berg halten können.

Gesundheit

Steinböcke sind von Geburt an mit Robustheit und Widerstandsfähigkeit ausgestattet, genau wie es ihrem Wesen und Charakter entspricht, die sich ebenfalls durch Zähigkeit und Standfestigkeit auszeichnen.
In der Regel erreicht der Steinbock ein hohes Alter, wobei seine Leistungsfähigkeit und seine Ausdauer mit zunehmendem Alter eher noch zunehmen als abnehmen.

Häufig wird der Steinbock von rheumatischen Erkrankungen und Erkältungen befallen. Er sollte daher dafür sorgen, dass seine Wohnung genügend beheizt wird und er sich der Witterung entsprechend kleidet. Um seine Leistungsfähigkeit zu erhalten, muss der Steinbock seinen Organismus mit ausreichend Sauerstoff versorgen. Zu empfehlen sind deshalb lange Spaziergänge im Wald.

Besonders auffallend ist die Häufigkeit, mit der Hautkrankheiten bei auftreten. Er leidet an Ekzemen, Hautallergien, Juckreiz und Herpes. Dies ist bedingt durch seine Gepflogenheit, Ärger, Zorn und Aufregung in sich hineinzufressen. Er lässt seinen Gefühlen nicht freien Lauf, sondern grübelt und macht sich sich seine Gedanken. Diese angestauten Emotionen bahnen sich ihren Weg aus seinem Innern heraus und werden in den genannten Hautkrankheiten sichtbar. Doch nicht nur Hautkrankheiten sind die Folge. Von Zeit zu Zeit leidet der Steinbock auch an Magengeschwüren und Darmverstopfungen, weil seine Gemütsverfassung ihm buchstäblich auf den Magen schlägt.

Der Steinbock vertraut seinem Arzt nur zögerlich. Lieber sollte er seinem Rat folgen, wenn er ihm Bettruhe verschreibt und ihnen nahelegt sich nicht jede Kleinigkeit zu sehr zu Herzen zu nehmen.

Steinböcke sollten ihre Belastbarkeit nicht überschätzen, ihre Nerven schonen und öfter eine Ruhepause einlegen, um ihre Batterien, die sich aufgrund ihrer Aktivitäten erschöpfen, neu zu laden. Sie müssen lernen, dass die Zeit, die sie auf Spaziergänge, Schlaf und leichte Bewegungstherapie verwenden, keine verlorene Zeit ist. Denn nachdem man sich entspannt hat, kann man sich mit umso größerem Eifer auf die Arbeit stürzen.

Bei der Ernährung sollte der Steinbock alles vermeiden, was seinen Verdauungstrakt belastet. Seiner Verdauung zuträglich sind vor allem frische Gemüse wie Rotkohl, aber auch Obst und Salate. Fernhalten muss er sich von allem, was schwer verdaulich ist. Süßigkeiten, fettes Fleisch, scharfe, dicke Soßen, Wurst und natürlich auch Alkohol sind Gift für seinen Darm. Mineralwasser, kalziumhaltige Getränke und Milchprodukte tun ihm gut.

Anstrengende Sportarten, die die Muskeln und Gelenke belasten, liegen ihm nicht, weil sie die ohnehin schon anfälligen Gelenke noch mehr angreifen. So empfehlen sich für den Steinbock leichte Gymnastik, ausgedehnte Spaziergänge und leichtes Laufen an der frischen Luft.

Beruf und Geld

Durch seinen Fleiß und seine Zielstrebigkeit kann er sich im Berufsleben eine Stellung erarbeiten, die ihm eine finanziell sorgenfreie und abgesicherte Lebensführung ermöglicht. Mit dem verdienten Geld hat er schon frühzeitig begonnen, Rücklagen zu bilden, die ihm und seiner Familie ein angenehmes Leben in einem schmucken Eigenheim ermöglichen.

In Geldangelegenheiten hat er immer das richtige Gespür für die Situation. Er versucht, Risiken aus dem Weg zu gehen, und beschränkt sich auf sichere, gefahrlose Anlage - und Sparformen. Der Steinbock ist sehr sparsam, denn als vorsichtiger Mensch versucht er, für die Zukunft vorzusorgen, in der die Zeiten vielleicht auch einmal schlechter sind.

Steinböcke sollten ihre Finanzen nicht der Obhut anderer überlassen, denn sie tun immer den richtigen Schritt in Richtung Vermögensbildung. Sie haben den nötigen Sparsinn und den erforderlichen Durchblick um zu wissen, was für sie selbst am besten ist.

Allerdings übertreiben sie es manchmal mit ihrer Sparsamkeit und werden zu echten Kleinkrämerseelen, wenn sie Frau oder Kindern einen Wunsch erfüllen sollen, der etwas kostspieliger ist. Sie springen dann nur ungern über ihren Schatten um ihren Lieben einen Gefallen zu tun.

Der Steinbock ist mit Eigenschaften ausgestattet, die ihn im Berufsleben für den Erfolg fast prädestinieren. Er ist sehr ehrgeizig, zielstrebig und fleißig. Wenn man ihm eine Aufgabe gibt, an der zu knabbern hat, wird er so lange auf eine Lösung des Problems hinarbeiten, bis er es endlich geschafft hat. Denn hat man ihn erst einmal mit etwas beauftragt, ist er bei seiner Ehre gepackt und will sich profilieren.

Durch seine Gründlichkeit, die einhergeht mit Pflichtgefühl und Gewissenhaftigkeit, hat der Steinbock Eigenschaften, die ihm den Weg nach oben ebnen und ihn die Karriereleiter hinaufklettern lassen. Er ist der Typ, der Verantwortung übernehmen kann und selbständiges, forschendes Arbeiten liebt. Bei seinen Kollegen ist er nicht sonderlich beliebt, weil seine brummige, verschlossene Art ihn zum Außenseiter macht. Er sucht den Kontakt zu seinen Kollegen nicht. Er mag keine engen persönlichen Beziehungen am Arbeitsplatz, so dass ihm niemand in die Karten schauen kann. Tätigkeiten, bei denen er viel reisen muss und ständig im flüchtigen Kontakt mit Menschen kommt, die er nicht kennt, machen ihn unglücklich.

Auch als Chef sucht der Steinbock nicht den Kontakt zu seinen Mitarbeitern. Er wirkt fern und unnahbar, ein Mensch eben, der nicht auf seine Mitmenschen zugehen kann. Dennoch beobachtet er ganz genau und spart bei guten Leistungen nicht mit Lob. Allerdings stellt er keine geringen Ansprüche. Er verlangt Disziplin, Leistungsbereitschaft, Fleiß und Pünktlichkeit.

Der Steinbock arbeitet nicht gern in der Gruppe, weil er hier auf andere angewiesen ist und sich überwacht fühlt.

Berufe, in denen er sich wohlfühlt, sind Arzt, Forscher, Künstler, Bibliothekar, Zeichner, oder Buchhalter.

Liebe und Partnerschaft

Der Steinbock-Mann

Der Steinbock-Mann ist in Sachen Liebe und Frauen sehr vorsichtig. Er misstraut jeder, die ihm schöne Augen macht. Er hat Angst davor, ausgenutzt und missbraucht zu werden. Er ist nicht der Mann, der für eine kurze Liebschaft taugt, dafür ist er sich viel zu schade. Eine feste Verbindung einzugehen ist für ihn sehr schwer, denn der Steinbock kann nicht auf Menschen, und schon gar nicht auf Frauen zugehen. Er ist ein kauziger Kerl, der es schwer hat, die Aufmerksamkeit vieler Frauen auf sich zu lenken. Dabei hat er eigentlich allen Grund selbstbewusst aufzutreten, denn er ist beruflich erfolgreich und finanziell so gestellt, dass er auch Frauen mit höheren Ansprüchen zufriedenstellen kann. Aber auch er stellt hohe Anforderungen an seine Partnerin: sie muss seine Vorlieben für Ordnung, Fleiß und Disziplin teilen, damit sie später den Haushalt nach seinen Vorstellungen führen kann.

Lange dauert es, bis sich der Steinbock für eine entscheiden kann. Er will auf jeden Fall gleich bei seiner ersten Wahl das große Los ziehen, weil er weiß, dass er dieser einen ein Leben lang treu bleiben will. Doch ständig sitzt ihm die Angst im Nacken, doch nicht die Richtige zu erwischen. Er wartet, wägt ab und zeigt sich unentschlossen. Es gibt Frauen, die in dieser Zeit das Weite suchen, weil es ihnen zu lange dauert, bis er sich ihr erklärt. Das ist sein großes Manko. Obwohl er im Prinzip ein gefühlsbetonter Mensch ist, lässt er seinen weichen Kern erst nach langem Zaudern bis zur Oberfläche durchschimmern.

Der Steinbock ist ein Mensch, der das Familienleben braucht um sich die Kraft für seinen beruflichen Alltag zu holen.

Hat er sich endlich für eine Frau entschieden, will er sie ganz für sich allein, er betrachtet sie als seinen ureigensten Besitz und vereinnahmt sie mit Leib und Seele. Sie muss sich damit abfinden, jetzt nach seiner Pfeife zu tanzen, denn er übernimmt die Führung in der Beziehung, obwohl er den Gedanken der Gleichberechtigung durchaus aufgeschlossen gegenübersteht.

Die Frau bekommt jedoch einen Mann, der sein Leben lang treu ist und der für ihre Sorgen stets ein offenes Ohr hat. Seine guten Eigenschaften kommen erst in späteren Ehejahren zur Geltung, wenn er beruflich fast alle Ziele erreicht hat und er nun seiner Frau und seinen Kindern,die er sehr liebt, mit viel Liebe und Aufmerksamkeit für die Unterstützung dankt, die sie ihm gegeben haben.

Der Steinbock ist kein Rosenkavalier, der eine Frau umgarnen kann. Seine Stärken liegen in seiner Treue, Aufrichtigkeit und seinem ausgeprägten Familiensinn, mit denen er eine Frau oft erst auf den zweiten Blick zu überzeugen vermag. Er ist kein Anhänger ausgefallener Sexpraktiken, aber wenn ihm eine erfahrene Frau neue Ideen schmackhaft gemacht hat, geht er durchaus mit Begeisterung zu Werke und hinterlässt allerorten zufriedene Gesichter.

Der Steinbock sollte versuchen sich wenigstens ein bisschen zu öffnen. Man wird es ihm nicht als Zeichen der Schwäche auslegen, wenn er Gefühle zeigt, z.B. indem er seiner Frau seine Liebe gesteht oder etwas mehr von den Sorgen und Problemen erzählt, die ihn in seinem Innersten beschäftigen.

Die Steinbock-Frau

Ähnlich wie ihre männlichen Pendants ist die Steinbock-Frau zurückhaltend und wirkt still und in sich gekehrt. Sie ist jedoch sehr selbstbewusst und verfolgt hartnäckig ein Ziel, das sie erreichen kann. Wenn sie einen Mann gefunden hat, der ihr gefällt, ist sie sich nicht zu schade auf ihn zuzugehen und ihm ihr Interesse zu bekunden. Sie hat Charme und kann einen Mann geschickt in ihren Bann ziehen, auch wenn dies wegen ihrer harten Schale nur langsam sichtbar wird. Von einem Mann verlangt sie viel. Er muss vor allem ihr großes Bedürfnis nach Liebe und Zärtlichkeit befriedigen. Sie gibt sich nicht mit dem

Erstbesten zufrieden, ein Mann, der ihr Herz erobern will, muss zeigen, dass er ein gestandener Kerl ist. Er sollte klug sein, in seinem Beruf schon einige Stufen der Karriereleiter erklommen haben und sollte zudem noch genug Geld mitbringen, um der Steinbock-Frau ein Leben in gesicherten Verhältnissen zu bieten.

Sie ist nicht der Typ Frau, der den ganzen Tag zu Hause sitzt und auf ihren Angetrauten wartet. Sie will selbst etwas erreichen, denn sie ist ehrgeizig und muss sich und anderen beweisen, dass sie als Frau mindestens genauso gut und erfolgreich arbeiten kann wie die Männer. Sie setzt sich für die Gleichberechtigung ein und widmet diesem Ziel viel Zeit und Energie. Von ihrem Mann erwartet sie, dass er sie hierin unterstützt. Haushalt und Erziehung der Kinder muss vom Mann in gleicher Weise mitgetragen werden. Sie dankt es ihm mit Treue, lebenslanger Zuneigung und einem nicht zu verachtenden Beitrag zu Familienkasse, der ihnen hilft, ihren Traum von relativem Wohlstand zu erfüllen.

Männer, die die Steinbock-Frau erobern wollen, müssen darauf achten, dass sie nicht mit der Tür ins Haus fallen und ihr schon nach kurzer Zeit ihre Liebe gestehen. Das macht sie misstrauisch, sie ist sehr vorsichtig und will nicht auf die Flunkereien eines Casanovas hereinfallen. Man sollte auf erste positive Signale ihrerseits warten und dann die Initiative ergreifen. Aber auch dann empfiehlt es sich, noch behutsam vorzugehen und geschickt die Kreise um sie herum enger zu ziehen.
Hat man ihren Eispanzer zum Schmelzen gebracht, zeigt sie sich von einer ganz neuen Seite. Sie ist sehr gefühlvoll, bisweilen sogar leidenschaftlich und läuft beim ro-

mantischen Zusammensein zu Höchstform auf. Beim Sex verliert sie ihre Hemmungen und es dürstet sie nach einem potenten Mann, der sie mit viel Zärtlichkeit befriedigt.

Um Problemen beim Zusammenleben mit Steinbock-Frauen aus dem Weg zu gehen, sollte sich ein Mann nicht zu sehr in ihre Angelegenheiten einmischen. Er sollte an Ratschlägen sparen, denn sie ist erfahren genug, ihr Leben selbst zu meistern und mit all ihren Problemen fertig zu werden. Er sollte ihr des öfteren seine Liebe gestehen. Es erfreut und stärkt sie in ihrem täglichen Stress zwischen Beruf und Familie zu hören, dass ihre Liebe aufrichtig erwidert wird.

Wer passt zum Steinbock

Beziehungen zwischen Steinbock und Stier bzw. Steinbock und Jungfrau sind sehr vielversprechend. Es herrscht ein fast blindes Verständnis, und die Wünsche des Steinbock-Partners betreffs der Lebensgestaltung werden ohne Widerspruch akzeptiert.

Beziehungen zwischen Steinbock und Krebs können materiell sehr vielversprechend sein, während Skorpione dem Steinbock in ihrem Streben nach Anerkennung und Erfolg ähneln.

Der Fisch fühlt sich beim Steinbock geborgen. Der Wassermann findet im Steinbock einen kameradschaftlichen Partner. Bei einer reinen Steinbock-Beziehung bleibt wenig Zeit für die Liebe, weil beide ihren ehrgeizigen Zielen nachjagen.

Beim Löwen kann sich der Steinbock anlehnen und erholen, während er die verschwenderische, lebenslustige Art des Zwillings nur schwer akzeptieren kann.

Den Widder muss er ein wenig in seiner stürmischen Art bremsen, um es bei ihm aushalten zu können.

Der Beziehung zu einem Schützen und zu einer Waage sind schlechte Chancen beschieden, weil sie auch außerhalb der Partnerschaft das Vergnügen suchen bzw. zu oberflächlich sind.

Berühmte Steinböcke

Konrad Adenauer, 5. Januar 1876
Jeanne d' Arc, 6. Januar 1412
Marlene Dietrich, 27. Dezember 1904
Annette von Droste-Hülshoff, 10. Januar 1797
Konrad Duden, 3. Januar 1829
Jakob Grimm, 4. Januar 1785
Johannes Kepler, 27. Dezember 1571
Henri Matisse, 31. Dezember 1869
Jean Baptiste Moliere, 15. Januar 1622
Richard Nixon, 9. Januar 1913
Isaac Newton, 4. Januar 1643
Madame Pompadour, 29. Dezember 1721
Albert Schweitzer, 14. Januar 1875
Mao tse-tung, 26. Dezember 1893
James Watt, 19. Januar 1736
Paula Wessely, 20. Januar 1908
Ulrich Zwingli, 1. Januar 1484

Wassermann

(21. Januar bis 19. Februar)

WASSERMANN
(21. Januar bis 19. Februar)

Planet: Uranus
Element: Luft
männlich
Farbe: dunkelblau
Metall: Platin
Steine: blauer Saphir, Amethyst
Zahlen: 8, 4, 10

Der facettenreiche Wassermann

Die Persönlichkeit des Wassermannes ist sehr vielschichtig. Er lässt sich mit drei oder vier Merkmalen nicht treffend charakterisieren. Der Schütze ist dem Wassermann unter allen Tierkreiszeichen am nächsten. Beide lieben die Unabhängigkeit, erproben ständig Neues und lieben den Wandel.

Der Wassermann ist sehr aktiv. Seine freundliche, heitere und beschwingte Art hält ihn ständig auf Trab. Er ist sehr liberal, liebt die Freiheit und lässt sich nicht gerne festlegen. Er beansprucht jedoch nicht nur Freiräume, sondern lässt auch seine Mitmenschen so gewähren, wie es ihnen passt. Freiheit und Ungebundenheit braucht der Wassermann wie die Luft zum Leben. Will man ihn einengen, versteht er es geschickt sich zu befreien. Dies gelingt ihm in allen Situationen, denn er findet immer ein Schlupfloch um eine Vorschrift, Richtlinie oder irgendeinen Rahmen, die ihn seiner Bewegungsfreiheit berauben wollen, zu umgehen. Er liebt es, neue unbefahrene Wege auszuprobieren, er sucht das Abenteuer abseits vielbenutzter Pfade um seinen Durst nach Unabhängigkeit zu stillen. Oft tut er dies aus Prinzip, nur um Flagge zu zeigen.

Sein Instinkt, der ihn in schwierigen Augenblicken die richtige Lösung finden lässt, kommt auch seinen Mitmenschen zugute. Wassermänner sind hilfsbereit und tolerant, so dass andere aus ihrer Vielseitigkeit Kapital schlagen können. Er gewährt uneigennützig Hilfe und verpflichtet sich so viele Mitmenschen. Der schier grenzenlose Optimismus des Wassermanns lässt ihn auch in ausweglosen Situationen die Ruhe bewahren, denn er weiß, dass er wegen seiner großen Erfahrung und seinem Wissen stets den Kopf aus der Schlinge ziehen kann. Als Mensch, der ständig körperlich und geistig in Bewegung ist, sucht er das Neue und den Fortschritt. Allerdings bleibt er nicht lange bei einer Sache, denn sobald sein Interesse für etwas anderes geweckt ist, lässt er von seiner jetzigen Beschäftigung ab und wendet sich dem Neuen zu. Deswegen wirft man ihm oft vor, einen sprunghaften Charakter zu haben. Man neigt daher nicht dazu, ihm besonderes Vertrauen zu schenken. Dabei lässt er sich nur von seinen Gefühlen lenken ohne irgendjemandem etwas Böses zu wollen.

Die Widersprüche in der Persönlichkeit des Wassermanns sind eklatant. Er grübelt viel, forscht in seinem Innern und macht sich Gedanken über Gott und die Welt. Im Gegensatz dazu handelt er aber fast ausschließlich nach Gefühl, oft unüberlegt und ohne die Folgen seines Handelns zu bedenken.

Der Wassermann ist ein sehr geselliger Mensch. Er braucht den Trubel unter Menschen, weil es ihm zu Hause langweilig ist. Er muss sich mit anderen Menschen austauschen, um immer neue Anregungen und Ideen aufzuschnappen. Weil er es liebt eine gegensätzliche, von der landläufigen Meinung abweichende Position zu vertreten, diskutiert er gern auch um Kleinigkeiten, was ihm den Ruf eines Streithahnes einbringt.

Wichtig beim Kontakt mit Wassermännern ist, dass man ihnen ihren Freiraum nicht nehmen darf. Sie werden darauf sehr ablehnend reagieren und den Kontakt abbrechen. Man sollte auch nicht versuchen, sie zu beeinflussen, denn sie haben ihren eigenen Kopf mit vielen Ideen und können für sich selbst sorgen. Bei Streit kann man ruhig offene, klare Worte an sie richten, denn auch bei deftigen Bemerkungen sind sie nicht nachtragend und es ist ihre Art, ihre Meinung dem Gegenüber ins Gesicht zu sagen.

Gesundheit

Wassermänner erreichen in der Regel ein hohes Alter. Sie strotzen vor Energie und können so vielen Krankheiten trotzen. Der wunde Punkt des Wassermannes ist der Kreislauf. Dadurch, dass er ständig in Bewegung ist und weder seinem Geist noch seinem Körper ausreichend Ruhepausen gönnt, ist er oft erschöpft und fühlt sich müde oder schlaff. Durch sein unstetes Wesen will er meist zu viel und wird von Nervosität befallen, wenn er seine Pläne nicht gleich alle zusammen in die Tat umsetzen kann. Er sollte deshalb ruhig mehr schlafen, um seinem überlasteten Organismus genug Erholungsphasen zu gewähren.

Er nimmt Anteil an den Dingen, die in seiner Umgebung geschehen, und ist deshalb anfällig für plötzlich auftretende Gefühlswallungen. Wut und Zorn treibt ihm die Röte ins Gesicht, während Nervosität und Angst ihn erblassen lassen. Hier sei ihm geraten, sich ein dickeres Fell zuzulegen und unwichtigere Dinge von sich abprallen zu lassen.

Niedriger Blutdruck, Krampfadern, ja sogar Krampfadergeschwüre machen ihm schwer zu schaffen. Deshalb sollte der Wassermann den Ratschlägen seines Arztes folgen und nicht aus einer reinen Trotzreaktion heraus die Anweisungen seines Arztes umgehen, auch wenn es ihn viel Überwindung kostet, auf einen anderen Menschen zu hören. Der Wassermann sollte körperlichen Betätigungen nachgehen, die ihn entspannen und bei denen sein Kreislauf frische Kräfte tanken kann. So stehen ihm Gymnastik, Yoga-Übungen, Spaziergänge, Angeln, Schwimmen, Massagen oder leichtes Laufen gut zu Gesicht und helfen ihm, seiner Probleme Herr zu werden.

Um den Kreislauf zu schonen, sollte er Tabak und Alkohol meiden und statt dessen lieber mal einen beruhigenden Kräutertee genießen. Magnesium - und eisenhaltige Speisen stärken seinen Kreislauf. Deshalb soll er viel Salat, Obst und Säfte zu sich nehmen. Wenn er es nicht übertreibt, darf er auch mal naschen, allerdings ohne dabei über die Stränge zu schlagen.

Beruf und Geld

Geld spielt für den Wassermann nicht die Hauptrolle, sondern ist nur das Mittel für den Lebensunterhalt. Deshalb ist der sonst so kluge Wassermann in Geldangelegenheiten nicht besonders erfahren. Er ist leichtgläubig und naiv und kann relativ leicht über den Tisch gezogen werden. Er sollte sich nicht verzetteln, nicht verschwenderisch sein und vor allem nicht in den Tag hinein leben. Es ist besser, seine finanziellen Kräfte auf ein Unterfangen zu verwenden, als seine Kräfte zu splitten und die Übersicht zu verlieren. So kann er sich mit seinem Gehalt eine sorgenfreie Zukunft für sich und seine Familie gewährleisten.

Allerdings fließt ihm das Geld nicht zu, z.B. in Form von Erbschaften oder Lotteriegewinnen, sondern er muss sich gehörig strecken, um genug Geld ranzuschaffen. Er hat viele Ideen und sollte diese nicht unter Wert verschleudern. Am besten vertraut er sich in Sachen Finanzen seinem Partner oder einem Fachmann an, die für ihn das kontinuierliche Sparen organisieren können, eine Sache, die aufgrund seines sprunghaften Wesens nicht zu seinen Domänen gehört.

Der Wassermann kann seine vielfältigen Fähigkeiten nur dann entfalten, wenn er einen Beruf ergreift, der ihm Raum für die Entwicklung seiner eigenen Ideen lässt. Er fühlt sich wohl in handwerklichen Berufen und Berufen, die schöpferische oder künstlerische Kreativität verlangen. Sein drängender, in die die Zukunft gerichteter Geist macht ihn zu einem akribischen und leidenschaftlichen Wissenschaftler oder Forscher. Er vertritt oft Ideen, die seiner Zeit weit voraus sind und die als revolutionär angesehen werden können. Wassermänner versuchen, der von ihnen verrichteten Arbeit eine persönliche Note zu verleihen, damit man erkennen kann, dass sie am Werk waren.

Als Untergebener ist der Wassermann zu seinem Chef stets höflich, aber nicht unterwürfig. Er scheut nicht davor zurück, bei ihm anzuecken, wenn er von der Richtigkeit seiner Sache überzeugt ist. Er ist findig und clever, so dass er durch neue Ideen und konstruktive Vorschläge auf sich aufmerksam macht. Eigentlich ist er auf seine Freiheit angewiesen, ein Individualist, der aber den Kontakt zu den Kollegen braucht. In der Gruppe fallen seine Ideen auf fruchtbaren Boden, denn er selbst hat brillante Einfälle, ist jedoch nicht diszipliniert genug, sie in die Tat umzusetzen. Er findet sich mit seiner höflichen Art gut zurecht, wenn er auch manchmal ausbrechen will aus dem einförmigen Büroalltag und dann mit seiner gereizten Stimmung für Unruhe sorgt.

Als Chef ist der Wassermann sehr offen und großzügig. Er ist kein Anhänger von Hierarchien, sondern behandelt die Untergebenen wie gleichgestellte Kollegen. Er gibt ihnen Freiheiten, weil er eigenständiges Handeln mag. Durch seine sprunghafte, hektische und zerstreute Art wirkt er manchmal unberechenbar. Er wird jedoch nie ungerecht.

Der Wassermann muss bei seiner Berufswahl darauf achten, einen Zweig mit zukunftsgerichteten, modernen Projekten zu wählen. Auf keinen Fall kann er es ertragen, alleine in seinem stillen Kämmerlein zu hocken und dort eine monotone, gleichförmige Arbeit zu verrichten. Er braucht Perspektiven. Die Aussicht auf eine Beförderung oder Gehaltserhöhung spornt ihn an und erhöht seine Motivation.

Berufe, die dem Wassermann besonders liegen und in denen er gute Erfolgsaussichten hat, sind der des Ingenieurs, Chemikers, Mediziners, Technikers, Lehrers, Schauspielers und Psychologen.

Liebe und Partnerschaft

Der Wassermann-Mann

Der Wassermann-Mann ist in Sachen Liebe ständig unterwegs. Er hat keine Ruhe und ein innerer Drang lässt ihn umherschweifen. Es ist sein Forscherdrang, der ihn auf all seinen Lebenswegen begleitet, so auch in der Liebe. Seine Freiheit genießend eilt er von Abenteuer zu Abenteuer, von Liebschaft zu Liebschaft. Untätiges Herumsitzen liegt ihm nicht, er muss einfach seine Wissbegierde stillen. Er will dem Geheimnis der Frauen auf den Grund gehen. Er jagt die Frauen nicht wie Freiwild, doch kaum hat er eine verlassen, wendet er sich übergangslos der nächsten zu. So zumindest versucht er, es bei Freunden und Kollegen darzustellen. Er prahlt sogar mit seinen Erlebnissen, um die Widersprüche in seinem Innern zu übertünchen.

Denn im Grunde seiner Seele ist er nicht der Schürzenjäger, der er vorgibt zu sein. Die kurzen Liebschaften und Techtelmechtel befriedigen ihn nicht. Sein Dilemma ist, dass er wählen muss zwischen seiner Sehnsucht nach einer harmonischen, partnerschaftlichen Beziehung und seinem fast unstillbaren Durst nach Unabängigkeit, Ungebundenheit und Freiheit. Er ist ein Mensch, der den Wandel braucht wie die Luft zum Atmen. Wenn er nicht ständig neue Dinge, Länder oder Frauen kennenlernt, weiß er nicht, wohin mit seiner überschüssigen Energie. Er, der durch seinen Einfallsreichtum und seine Schlagfertigkeit in jeder Situation eine Lösung parat hat, ist plötzlich ratlos, wenn es darum geht, eine Frau für ein gemeinsames Leben auszuwählen. Dabei hat er die Qual der Wahl, denn interessante, hübsche Anwärterinnen gibt es genug. Er fürchtet sich aber davor, dass ihm in der Ehe die Flügel gestutzt werden. Er mutet seiner Frau, wenn er denn endlich fündig wurde, viel zu. Er will keine Frau, die ihn einengt, ständig um ihn herumscharwenzelt und ihm auf die Finger schaut. Er sucht eine Kameradin, mit der er durch dick und dünn gehen kann und die ihm alle Freiheiten lässt. Am besten passt ein intelligentes, lustiges Mädchen zu ihm, mit der er eine Beziehung eingehen kann, die von gegenseitigem Respekt für die Wünsche des Partners geprägt ist. Er führt diese Partnerschaft dann mit großer Aufrichtigkeit und kann sogar treu sein, wenn er sonst seine Unabhängigkeit bewahren kann. Sie sollte ihn nicht mit andauernden Ratschlägen nerven, sondern sich viel mit ihm unterhalten, um ihn genau kennen zu lernen. Nur so kann sie ihn auf Umwegen zu dem bewegen, was sie will; denn wenn man offen etwas von ihm verlangt, schaltet er auf stur und wird trotzig reagieren. Man muss also listig und fintenreich sein, um ihn zu etwas zu bewegen.

Das Zusammensein mit ihm kann eigentlich gar nicht langweilig werden. Er ist ein vielseitiger, unternehmungslustiger Mensch, der seine Kinder liebt und seine Frau respektiert. Beim Sex erweist er sich als erfahrener Liebhaber, der den Wünschen des Partners aufgeschlossen gegenübersteht und viel Phantasie entwickeln kann. Er ist zärtlich, liebt das Vorspiel und kann aber auch stürmisch und verlangend sein.

Im Allgemeinen sollte seine Ehefrau darauf achten, ihn unter keinen Umständen einzuengen. Wenn er merkt, dass sie seine Wünsche und seinen Freiheitswillen akzeptiert, fühlt er sich bestätgt und wandelt sich ins Gegenteil und wird zum braven Ehemann.

Der Wassermann-Mann sollte seiner Frau Aufmerksamkeit schenken und ihr deutlich sagen, was er für sie empfindet. Er sollte auch versuchen, eine Beziehung nicht nach der ersten Krise abrupt zu beenden, sondern sie kann auch herzhaft über sich selbst lachen.

Die Wassermann-Frau

Die Wassermann-Frau zeichnet sich aus durch eine bejahende Grundeinstellung zum Leben. Sie ist ein Mensch, der schon von Kindesbeinen an den schalkhaften Umgang mit ihren Mitmenschen pflegte. Immer hat sie ein Lächeln auf den Lippen und ist zu neckischen Streichen aufgelegt. Dabei müssen nicht immer andere Gegenstand des Spottes sein, sondern sie kann auch herzhaft über sich selbst lachen.

Oft genügt jedoch schon der kleinste Umstand, ein falsches Wort oder eine spitze Bemerkung, um ihre andere Seite zum Vorschein zu bringen. Sie wird schnell zornig, das Blut schießt ihr in den Kopf und sie gebärdet sich sofort kämpferisch. Sie geht in Gefechtsstellung und macht sich bereit, jeden nur erdenklichen Kampf auszufechten. Sie liebt es zu diskutieren, denn sie ist schlagfertig und redegewandt. Selten gehen ihr die Argumente aus und meist hat sie bei Streitgesprächen das letzte Wort.

Das ist es, was Männer auf sie aufmerksam werden lässt. Sie wechselt von einem Extrem ins andere, zwischen Tag und Nacht und heiß und kalt. Ein typischer Wassermann eben, dem ohne ständige Veränderung und Tapetenwechsel schnell langweilig wird. Das fasziniert die Männer so an ihr, denn nie kann man bei ihr wissen, wie sie sich im nächsten Moment verhalten wird. Ihre Beliebtheit bei Männern nutzt sie schon in jungen Jahren, um Erfahrungen zu sammeln. Aber sie bandelt nicht mit jedem an, der ihr schöne Augen macht, sondern weiß, was sie sich und ihrem erlesenen Geschmack schuldig ist. Wenn sie merkt, dass ein Mann sich nur bei ihr über eine in die Brüche gegangene Beziehung hinwegtrösten will, gibt sie ihm keine Chance. Denn ohne eine Erwiderung ihrer stets aufrichtigen Gefühle kann bei ihr kein Mann landen. Sie sucht einen vollendeten Gentleman, der ihr den Hof macht und ihr das Gefühl gibt, schön und attraktiv zu sein.

Langeweile lässt dieses temprامentvolle Wesen nicht aufkommen. Zu widersprüchlich sind die einzelnen Facetten ihres Charakters. Ihr Wissen macht sie zu einem interessanten Gesprächspartner, der manchmal wegen seiner Impulsivität übers Ziel hinausschießt.

Sie hat einen ausgeprägten Gerechtigkeitssinn und kann kein Unrecht ertragen. Erkennt sie ein Unrecht, bezieht sie Position und kämpft für die Gerechtigkeit. Ihr Stolz verbietet ihr nicht, Fehler einzugestehen. Das gehört zu ihren großen Stärken und sie erscheint in noch besserem Licht.

Als Wassermann liebt sie ihre Freiheit und Unabhängigkeit. Jeder Mann, der mit ihr eine Beziehung beginnt, muss sich darüber im Klaren sein, dass sie nicht dazu bereit ist, nur ihm zu Diensten zu sein und an seiner Seite die zweite Geige zu spielen. Vielmehr hat sie einen eigenen klugen Kopf, den sie sowohl zu Hause, als auch im Beruf einsetzen will. Denn auf finanzielle Unabhängigkeit legt sie besonders großen Wert. Ihr Partner muss über ihre kleinen Fehler hinwegsehen können. So spart sie oft nicht mit Kritik und verzettelt sich in Haarspaltereien, obwohl sie ansonsten eigentlich liebenswürdig und großzügig ist. Das sieht man daran, dass sie nie ihre Hilfe verweigert und Freunde mit Geschenken reichlich beglückt.

So auch beim Sex. Sie richtet ihr Augenmerk darauf, den Mann, den sie liebt, zu befriedigen und zufriedenzustellen. Wichtig ist für sie dabei auch die Seelenverwandtschaft zu ihrem Partner, dessen Wohl ihr so am Herzen liegt.

Umso verwunderlicher ist es, dass Wassermann-Frauen oft Probleme haben, den richtigen Partner für die Ehe zu finden. Die meisten Männer können nicht akzeptieren, dass eine Frau einen eigenen Kopf hat und sich nicht in ihre Abhängigkeit begeben will. Hat ein Mann jedoch den Mut, es mit ihr zu wagen, so wird er es keinesfalls bereuen.

Sie sollte aber im Sinne einer harmonischen Partnerschaft versuchen, ihre schlechten Seiten unter Kontrolle zu halten; sie sollte ihn beispielsweise nicht so oft kritisieren und nicht so offensichtlich versuchen ihn zu bevormunden.

Wer passt zum Wassermann

An der Waage schätzt der Wassermann die Ausstrahlung und ihren Charme, der negative Eigenschaften geschickt überdeckt.

Mit dem Zwilling hat er die Rede- und Streitlust gemein. Eine Beziehung zwischen Wassermann und Schütze ist explosiv und spannungsgeladen.

Obwohl Wassermann und Widder eigentlich verschiedene Charaktere haben, passen sie recht gut zusammen. Wohl, weil sie sich so gut ergänzen.

Mit Jungfrau und Steinbock versteht sich der Wassermann nicht gut, denn mit seinem Unabhängigkeitsstreben eckt er bei den beiden an.
Stier und Löwe ziehen den Wassermann an und versuchen ihn fest zu binden, obwohl gerade der Stier mitunter zu ruhig ist für den Wassermann.

Skorpione sind für den Wassermann zu besitzergreifend und auch mit Krebsen kommt in den seltensten Fällen eine vielversprechende Verbindung zu Stande.

Berühmte Wassermänner

Ernst Abbe, 23. Januar 1840
Andre Marie Ampere, 22. Januar 1775
Katharina von Bora, 29. Januar 1499
Charles Darwin, 12. Februar 1809
Charles Dickens, 7. Februar 1812
Friedrich Ebert, 4. Februar 1871
Ludwig Erhard, 4. Februar 1897
Galileo Galilei, 15. Februar 1564
Catharina Elisabeth Goethe, 19. Februar 1731
Theoddor Heuss, 31. Januar 1884
Berta Karlik, 24. Januar 1914
Wolfgang Amadeus Mozart, 27. Januar 1756
Carl Spitzweg, 4. Februar 1808
Franz Schubert, 31. Januar 1797

Fische

(20. Februar bis 20. März)

FISCHE

(20. Februar bis 20. März)

Planet: Neptun
Element: Wasser
weiblich
Farben: rosa, hellblau, türkis
Metalle: Zinn, Platin, Aluminium
Steine: Chrysolith, weißer Saphir, Hyazinth
Zahlen: 3, 10

Der fantasievolle Fisch

Der Fisch als Wasserzeichen ist ein gutmütiger und fröhlicher Gefühlsmensch, der sich gern mit guten Freunden umgibt. Er wirkt immer etwas geheimnisvoll und mystisch. Im Fisch hat man einen wunderbaren Zuhörer gefunden, dem man all seine Sorgen und Nöte anvertrauen kann. Er gibt einem dabei gute Ratschläge, überzeugt einen gern, auch mal eine andere Sichtweise auf ein Problem anzuwenden und wird immer Verständnis für einen haben. Außerdem ist er zuverlässig und plaudert die ihm anvertrauten Geheimnisse nicht aus. Intuitiv kann er einem raten, wie man sich in der jeweiligen Situation am besten verhält und liegt damit überraschend häufig auch richtig.

Der Fisch hat eine Schwäche für tränenreiche Stories und liebt Liebesromane, Gedichte und romantische Filme, die Geschichten voller Gefühl fürs Herz erzählen. Wenn es dabei etwas kitschig wird, sieht der Fisch gern darüber hinweg. Für ihn ist es wichtig, dass er öfter mal seinen Tränen freien Lauf lassen kann, danach fühlt er sich freier. Weinen heißt für ihn, dass die Seele gereinigt wird und er sich hinterher befreiter an neue Aufgaben machen kann. Entspannung und Ruhe dürfen nicht im Leben des Fisches fehlen, damit er sich wohl fühlt. Zwar unternimmt er gern etwas, auch außer Haus, aber zu hektisch sollte es dabei nicht zugehen. Zuviel Trubel und Aufregung bringen ihn aus dem seelischen Gleichgewicht, und dann kommt Unbehagen auf, was ihm sehr zuwider ist. Er sucht immer frohen Mutes zu sein, denn er weiß selbst am besten, dass schlechte Laune und Unwohlsein ihn in tiefe Abgründe stürzen können, und diese Seite seines sonst so heiteren Ichs meidet er lieber.

Eine manchmal beinahe unheimliche Intuition ist dem Fischegeborenen eigen. Er hat oft seherische Fähigkeiten und farbenfrohe, ereignisreiche Träume. Gerade das Mystische macht den Fisch interessant, obwohl sich manchmal einige seiner Mitmenschen wegen dieser Begabungen vor ihm fürchten. Er und seine Gedanken sind ihnen nicht greifbar genug und sie argwöhnen, dass er unlautere Absichten ihnen gegenüber hat.

Doch diese undurchsichtige Seite des Fischs findet ihren Ausgleich in seinem unerschütterlichen Optimismus und seinen idealistischen Anschauungen. Er lässt sich leicht für eine Sache begeistern und geht voller flammendem Eifer an die Planung heran. Leider kann es vorkommen, dass ihre Euphorie ebenso schnell wieder verfliegt, wie sie aufgetaucht ist, und sie ihren Tatendrang auf ein völlig anderes Projekt konzentrieren. In seiner Freizeit beschäftigt sich der Fisch gerne mit Kunst und Kultur. Er geht viel ins Theater, in Konzerte, auf Austellungen, ist aber ebenso auch selbst schöpferisch tätig, musiziert, malt, schreibt. Hierbei kommen ihm sein ungeheurer Ideenreichtum und seine Fantasie zugute, die er in solchen Hobbys voll ausleben kann. Der Fisch ist ein Träumer, der sich öfters kleine Verrücktheiten erlaubt, spontan entscheidet und nicht besonders praktisch veranlagt ist. Damit kann er schon mal auf die Nase fallen, wenn ihn die Wirklichkeit mit ihren Alltagsproblemen wieder einholt. Doch da er ein außerst liebenswerter Mensch ist, findet er auch viele gute Freunde, die ihm hilfsbereit beistehen und ihn in praktischen Dingen beraten. Denn er ist, wenn es darum geht, das Herz bei ihm auszuschütten in gleichem Maße für sie da.

Mit streitsüchtigen und allzu pedantischen Menschen kommt er allerdings bei all seiner Toleranz nicht zurande. Er kann es nicht verstehen, wenn jemand jemand stur mit dem Kopf durch die Wand will oder Intrigen spinnt. Von solchen Mitmenschen wendet der Fisch sich angewidert ab. Nichts macht ihn glücklicher, als etwas mit seinen Freunden zu unternehmen oder mit ihnen in geselliger Runde beisammenzusitzen und zu plaudern. Er lechzt danach die Sonnenseiten des Lebens zu genießen und versteht, dies auch ausgiebig in die Tat umzusetzen.

Gesundheit

Die seelische Empfindlichkeit des Fischs macht ihn sehr empfänglich für psychische Probleme und allgemeines Unwohlsein, wobei er die Ursache dafür oft gar nicht bestimmen kann. Beim Sport hält er sich mit Vorliebe an sein Element, das Wasser. Fische sind ausgezeichnete Schwimmer. Aber auch bei anderen Wassersportarten verhält er sich eben wie der berühmte Fisch im Wasser.

Eigentlich ist er aber nicht so sehr für sportliche Tätigkeiten zu begeistern, lieber schmökert er gemütlich zu Hause in einem Buch. Wenn sie sich also nicht im Wasser tümmeln können, ziehen sie leichte Wanderungen und Spaziergänge anstrengenden und energieverschleißenden Sportarten vor. Dabei können sie die Natur genießen, und besonders am frühen Abend, wenn es ruhiger wird, und sie einen romantischen Sonnenuntergang beobachten können, begeben sie sich zu einem kleinen Rundgang an die frische Luft. Wenn sie dabei noch das Meer rauschen hören, fehlt ihnen vielleicht nur noch ein lieber Mensch, den sie in den Arm nehmen können, zum absoluten Glück.

Für ihre Gesundheit sind seelisches Gleichgewicht und leichte Bewegung am wichtigsten. Damit beugen sie den klassischen Fische-Krankheiten wie Stoffwechsel- und Drüsenfunktionsstörungen vor. Nervlich dürfen sie sich nicht zu sehr belasten und auf ausreichenden Schlaf sollten sie stets achten. Auch Ruhe und Entspannung tragen zu einem ausgeglichenen Wesen bei. Eine besondere Problemzone stellen für den Fisch seine Füße dar. Diese schmerzen oft, sind überbelastet und deshalb angeschwollen. Da helfen wohltuende Fußbäder mit beruhigenden Zusätzen. Der Fisch hat oft kalte Füße, und davon ausgehend leidet er oft unter Erkältungen, deshalb sollte er immer darauf achten, dass er den direkten Kontakt zu kalten Böden meidet. Auch sollte er sich von kranken Personen fernhalten, und wenn er ihnen noch so gern helfen würde, denn Bakterien und Viren scheinen mit Vorliebe den Fisch zu befallen und an ansteckenden Krankheiten kommt er selten vorbei.

Am meisten macht dem Fisch zu schaffen, dass er seine Leiden oft nicht bestimmen kann, sich einfach eine allumfassende Unpässlichkeit in ihm breit macht, und er dem Arzt nur vage Angaben zu seinen Beschwerden machen kann. Deshalb empfiehlt es sich für ihn, sich nicht ausschließlich an die Schulmedizin zu halten und ganzheitliche Behandlungsmethoden wie die Homöopathie in Erwägung zu ziehen, die bei ihm oft erstaunliche Wirkungen zeigt. Auch ist es hilfreich, wenn er sich mit autogenem Training und Autosuggestion vertraut macht.

Da sie einen hohen Flüssigkeitsbedarf haben, sollten Fische immer Wasser, Fruchtsäfte oder Tee in ihrer Reichweite haben. Sie ziehen im Prinzip leichte Kost vor, da sie wissen, dass ihnen diese besser bekommt, plötzlich kann sie jedoch der Heißhunger nach etwas Deftigem oder vor allem auch Süßen überkommen, und dann werfen sie alle guten Vorsätze über Bord und schlemmen hemmungslos, was sie später allerdings oft bereuen, da ihr Magen solchen Orgien nicht gewachsen ist. Auf alle Fälle sind sie für Abwechslung auf dem Speiseplan, probieren alle möglichen Rezepte aus, die allerdings nicht unbedingt aus fernen Ländern stammen müssen, und experimentieren gern mit verschiedenen Geschmacksrichtungen. Zwischendurch legen sie dann vernünftigerweise einen Fasten- oder Entschlackungstag ein. Zu einem schönen Essen in einem renommierten Restaurant sagen sie nicht nein. Der Fisch darf jedoch nie vergessen, dass er über die Maßen suchtgefährdet ist. Er ist oft Kettenraucher, ist dem Alkohol, auch harten Getränken, nicht abgeneigt und kann wegen seiner Experimentierfreudigkeit und seelischen Empfindsamkeit leichter als andere drogenabhängig werden.

Beruf und Geld

Kreativität ist die hervorstechendste Eigenschaft des Wasserzeichens Fisch. Damit fällt er überall auf und wird auch dafür bewundert. Nicht zu vergessen seine Kontaktfreudigkeit, die ihn gern mit Menschen arbeiten lässt.

Wenn man ihm nicht zu viel Verantwortung aufbürdet und ihm bei wichtigen Entscheidungen zur Seite steht, enfaltet der Fisch seine ganze Fantasie und stellt sie in den Dienst der Firma. Seine Ideen sind zwar mitunter ungewöhnlich, aber keineswegs undurchführbar, und wenn man seine Verbesserungsvorschläge annimmt, merkt man, dass er intuitiv den richtigen Weg gewählt hat. Man sollte nicht allzu streng mit seinem Fische-Untergebenen sein, wenn er seine Arbeit nicht pünktlich und termingerecht erledigt. Das rührt fast immer daher, dass er sich verzettelt hat und seine Zeit schlecht einteilen kann.

Seine Unzuverlässigkeit sollte man ihm also nachsehen, wenn er nämlich nicht gedrängt wird, dankt er das mit gründlicher und zufriedenstellender Ausführung der ihm zugeteilten Arbeiten. Seine liebenswürdige Art macht ihn unter seinen Kollegen sehr beliebt, und da er Intrigen und Ränkespiele hasst, bietet er Neidern wenig Angriffsfläche.

Er muss jedoch aufpassen, dass er selbst nicht übervorteilt oder ausgenützt wird und zu kurz kommt. Sollte er sich jedoch im Kreis seiner Arbeitskollegen nicht wohl fühlen, oder ihm das gesamte Arbeitsklima nicht behagen, ist er gut beraten, schleunigst die Firma zu wechseln, denn Probleme am Arbeitsplatz wirken sich schnell auf sein Gemüt aus, und er kann regelrecht krank davon werden.

Als Boss fühlt sich der Fisch nicht so recht in seinem Element. Er hat kein besonderes Organisationstalent, scheut sich vor Entscheidungen, die er alleine treffen muss, und neigt daher dazu, sich von einem Moment zum nächsten für einen neuen Weg zu entscheiden. Er delegiert vieles an seine Mitarbeiter, ist aber ihren Vorschlägen gegenüber stets aufgeschlossen.

Diese genießen unter ihm viele Freiheiten und können selbständig arbeiten. Wenn der Fisch sich an eine Geschäftsgründung heranwagt, sollte das aus diesen Gründen besser mit einem oder zwei gleichberechtigten Partnern geschehen, die vielleicht etwas entscheidungs- und risikofreudiger sind als er. Für die kreativen Ideen, die das Geschäft in Schwung bringen, wird er schon sorgen.

Kontaktfreudigkeit und Ideenreichtum versprechen dem Fisch Erfolg als Maler, Bildhauer, Fotograf, Kunstexperte, Regisseur, Schriftsteller, Dichter, Schauspieler, aber auch als Pädagoge, Reiseleiter, Werbefachmann, Schneider oder Modeschöpfer.

Seine humane Lebenseinstellung macht einen ausgezeichneten Arzt, Krankenpfleger oder Physiotherapeuten aus ihm. Diese philantropische Ader verbindet er mit der Tatsache, dass er der perfekte Zuhörer ist, und wird Psychologe, Psychotherapeut oder Seelsorger. Kommt dann auch noch sein Hang zum Mystischen und sein sechster Sinn hinzu, hat man einen Heiler, eine Kartenlegerin oder Hellseherin vor sich. Hat der Fisch einen Beruf gewählt, der ihm doch nicht zusagt, sollte er vor einer Umschulung und einem Wechsel nicht zurückschrecken. Manchmal dauert etwas länger, bis er seine wahre Berufung gefunden hat.

Geld bedeutet dem Fisch herzlich wenig. Deshalb wird er oft übervorteilt und lässt sich das Geld aus der Tasche ziehen. Wenn er in seinem Beruf aufgehen kann, ist es ihm ziemlich egal, wie er dafür entlohnt wird, aber er sollte sich nicht unter Preis verkaufen. Es macht ihm Spaß, Freunden und Familie eine Freude zu bereiten, und dafür ist er bereit immense Summen auzugeben.

Auch muss er vorsichtig bei Spontankäufen sein, nicht selten ersteht er etwas für teures Geld, das ihm schon am nächsten Tag nicht mehr gefällt. Geholfen ist ihm, wenn er nicht viel Bares bei sich trägt, denn er besitzt genügend Disziplin, nicht an seinen Sparstrumpf zu gehen, der sich so mit etwas Geduld bald füllen wird. Er sollte seine finanziellen Angelegenheiten getrost jenen überlassen, die mehr davon verstehen und ein sichereres Händchen dafür haben.

Liebe und Partnerschaft

Der Fische-Mann

Der Fische-Mann erobert die Frauenherzen nicht im Sturm, sondern mit Bedacht, Geduld und Phantasie. Er weiß meist schon von Anfang an, ob es mit der Frau, die er auserkoren hat, klappt oder nicht. Dafür hat er einen sechsten Sinn.

Das Harmoniebedürfnis des Fischs macht ihn zu einem zuverlässigen und treuen Partner, der verständnisvoll und zärtlich ist. Da er nicht lange allein sein kann, kommt es vor, dass er sich von einer Beziehung in die nächste stürzt, ohne sich ausreichend Gedanken zu machen, woran die vorangegangene Partnerschaft gescheitert ist.

Das lässt ihn dann häufig den Fehler begehen, sich an ähnliche Frauen zu halten und wieder enttäuscht zu werden. Überhaupt neigt er dazu, viele Frauen glücklich machen zu wollen, da eifert er dem berühmten Fische-Mann Don Juan nach. Jedoch widerspricht es seinem Sinn für Vertrauen, für mehrere Damen auf einmal da zu sein.

Auch kann es ihm passieren, dass er aus Mitleid bei der Partnerin bleibt, obwohl ihm schon längst klar ist, dass man sich besser trennen sollte. Das Hinauszögern macht die Situation doch nur schwerer, und in einer unglücklichen Beziehung kommt schnell Frust beim Fisch auf.

Seine Sanftheit und Sensibilität wird bei ihm oft fälschlicherweise als Schwäche ausgelegt. Er darf sich auch in der Partnerschaft nicht ausnützen lassen und sollte sich rechtzeitig Gehör verschaffen, anstatt den Kummer runterzuschlucken, denn das ist ungesund. Ein reinigendes Gewitter ist oftmals besser als veschleppte und unterdrückte Frustration. Dazu gehört zum Beispiel auch, dass er sich, auch wenn er nicht besonders eifersüchtig ist, nicht auf der Nase herumtanzen lässt.

Der Fische-Mann ist grundsätzlich der perfekte Liebhaber, einfühlsam, erfindungsreich und ausdauernd. Allerdings lässt er sich nicht gerne abwimmeln, und wenn man ihm den Sex allzu lange verweigert, wird er launisch und sucht das Vermisste bei einer anderen. Er ist ein Genießer, der gern Neues im Bett ausprobiert, aber immer mit Rücksicht auf die Partnerin, er will sie nicht überfordern. Schließlich bereitet es ihm am meisten Spaß, wenn er sieht, dass sie Gefallen an seinen Liebesspielen findet. Er muss auch nicht unbedingt der Führende im Schlafzimmer sein. Ebenso genießt er es, verführt und auf neue Ideen gebracht zu werden. Für ihn ist Sex ein gleichberechtigtes Nehmen und Geben.

Als Lebensgefährte hat man in ihm einen wahren Freund und Kameraden, mit dem man Pferde stehlen kann, und der immer ein offenes Ohr für einen hat. Er wird zu einem stehen, solange man seine Sensibilität respektiert und diese nicht ausnützt. Seinen Beruf nimmt er in soweit ernst, als dieser es ihm ermöglicht, seinen Lieben ein angenehmes Leben zu bieten. Er braucht jedoch ein harmonisches Zuhause, das ihm den Rücken stärkt. Deshalb ist es wichtig, dass seine Frau ihm Mut macht, seine Träume zu verwirklichen. Wenn im trauten Heim alles gut läuft, ist er auch weniger gefährdet, nicht erhaltene Zärtlichkeiten woanders zu suchen.

Die Fische-Frau

Mit ihrer anschmiegsamen und manchmal etwas hilflosen Art weckt sie in den Männern den Beschützerinstinkt. Sie ist geheimnisvoll, attraktiv und charmant.

Als Gefährten sollte sich die Fische-Frau einen einfühlsamen und verständnisvollen Menschen auserwählen, der ihre Gefühlsausbrüche nicht für lächerlich hält oder achtlos darüber hinwegsieht, sondern darauf eingeht und im Gespräch mit ihr die Probleme zu lösen versucht. Er darf sich auch von den Tränen nicht schrecken lassen, die oft bei ihr fließen, doch sollte er lernen zu unterscheiden, wann der Kummer echt ist, und wann die Fische-Dame bloß ihr schauspielerisches Können einsetzt, um sich einen Wunsch efüllen zu lassen. Merkt er, dass sie absichtlich auf die Tränendrüse drückt, sollte er das schleunigst unterbinden, damit sie diese Taktik nicht schamlos anwendet.

Die Fische-Frau ist besonders romantisch veranlagt und mit kleinen Aufmerksamkeiten kann man ihr große Freude bereiten. Dabei erwartet sie keine aufwendigen Geschenke, sondern eher originelle Liebesbeweise, mit denen der Liebste sie überrascht. Eine kurze, nette Notiz, eine Blume, ein aufmunterndes Wort sind ihr mehr wert als jeder teure Schmuck oder gar aufwendige Mitbringsel in Form von Haushaltsgeräten. Praktisch ist sie nämlich nicht geradc, und Haushaltsarbeiten erfüllt sie nur, weil sie ein gemütliches Heim mag. Hauptsache, sie weiß, dass er an sie denkt, auch wenn sie nicht zusammen sind.

Obwohl sie eigentlich von einem Märchenprinzen träumt, merkt sie, manchmal erst nach mehreren schmerzlichen Erfahrungen, dass ihre Ansprüche eventuell doch zu hochgeschraubt waren, und ist froh, wenn sie doch noch jemanden findet, der ihrem Geschmack entspricht und nicht mit ihren Gefühlen spielt.

Sie überlässt ihm dann auch gern die Leitung in der Beziehung, solange er auf ihre Ideen eingeht und sie nicht selbstherrlich unterdrückt.

Schnell zu haben ist die Fische-Frau nicht, sie flirtet lieber erst ausgelassen und prüft gleichzeitig die Qualitäten des Auserwählten, ob er es denn auch wirklich ernst meint.

Hat sie sich jedoch dazu entschieden, mit ihm auch die Bettstatt zu teilen, ist sie eine fantasievolle Liebhaberin, die von ihren Erfahrungen zehrt.

Aber auch wenn sie deren noch nicht so viele gesammelt hat, versteht sie es, mit Hilfe ihrer Schauspielkunst den Partner davon zu überzeugen, dass sie eine Könnerin ist.

Sie sieht Sex nicht als bierernste Sache an, sondern wirklich als die schönste Nebensache der Welt, bei der sie einfach ihren Spaß haben will. Wenn ihr der Mann dabei neue Aspekte eröffnet, ist sie aufgeschlossen und dankbar dafür.

Entschließt sie sich zu einer wirklich festen Beziehung oder gar zu Heirat, kann man mit ihr den Himmel auf Erden erleben. Sie ist zwar keine besonders fleißige Hausfrau, aber im Zusammenleben mit ihr sollte das auch keine so wichtige Rolle spielen, sondern mehr auf Kameradschaft und Verständnis gebaut werden.

Einen herrischen Partner, der ihr Befehle erteilt, erträgt sie nicht und wird ihm oft Szenen machen, bei denen sie die Tränen laufen lässt und zuweilen sogar hysterisch reagiert.

Für ihre Kinder ist sie stets zur Stelle und hört ihnen geduldig zu, wenn sie mit ihren Problemen zu ihr kommen.

Wer passt zum Fisch

Leidenschaft und Gefühle hat der Fisch mit den übrigen Wasserzeichen Krebs und Skorpion gemein. Der Krebs achtet darauf, dass der Fisch nicht allzu weltfremd wird und mehr auf Ordnung achtet, der Skorpion interessiert ihn vor allem wegen seiner geistigen Spriztigkeit, die ihn allerdings bisweilen verletzt.

Jungfrau und Steinbock bieten dem Fisch zwar die nötige Sicherheit, vor allem auch was die Finanzen angeht, jedoch kommt er mit ihrer kühlen Art nicht zurecht, wenn es ihm nicht gelingt ihren harten Kern zu knacken.

Treffen zwei Fische aufeinander, ist zwar auf Anhieb wortloses Verständnis und Seelenverwandtschaft vorhanden, aber man verliert sich vielleicht allzu sehr in den Wolken und Traumwelten, ohne dass diese jemals realisiert werden.

Gemeinsam mit dem Schützen oder dem Zwilling verbringt man fröhliche Stunden. Heiterkeit und Ausgelassenheit beherrschen diese Verbindungen, was sich auf alle Beteiligten und vor allem auch auf die Beziehung positiv auswirkt.

Stier und Waage haben Verständnis für die Gemütsschwankungen des Fischs und wollen ihm gerne helfen, wenn es ihm schlecht geht. Die Waage hat da mehr Erfolg, denn sie ist einfühlsamer als der Stier, der dem Fisch zu pedantisch und cholerisch sein kann.

Das Zusammenleben von Fischen mit dem Löwen oder dem Widder gestaltet sich oft etwas problematisch, denn deren Drang, überall im Mittelpunkt zu stehen, verbannt den Fisch zu sehr an den Rand des Geschehens, und sie verursachen für seinen Geschmack zu viel Turbulenz.

Berühmte Fische

Enrico Caruso, 25. Februar 1873
Frederic Chopin, 1. März 1810
Golttlieb Daimler, 17. März 1834
Rudolf Diesel, 18. März 1858
Albert Einstein, 14. März 1879
Georg Friedrich Händel, 23. Februar 1685
Heinrich Hertz, 22. Februar 1857
Oskar Kokoschka, 1. März 1886
Georg Simon Ohm, 6. März 1789
Pierre Auguste Renoir, 25. Februar 1841
Arthur Schopenhauer, 22. Februar 1788

5.
Vergleiche und Zuordnungen

Wir möchten Ihnen einige Einteilungen und Statistiken über die Tierkreiszeichen nicht vorenthalten, die diese nach ihren Charaktereigenschaften unterteilen und außerdem noch viele wertvolle Informationen liefern:

Früher wurden den Tierkreiszeichen einzelne Körperregionen zugeordnet, denen dann eine besondere Empfindlichkeit nachgesagt wurden. Dies sind im Einzelnen:

Empfindliche Körperregionen

Widder:	Kopf
Stier:	Hals und Nacken
Zwillinge:	Arme, Hände, Bronchien
Krebs:	Brust, Lunge, Magen
Löwe:	Herz und Blut
Jungfrau:	Eingeweide und Verdauungstrakt
Waage:	Nieren und Wirbelsäule
Skorpion:	Geschlechtsorgane, Unterleib
Schütze:	Lenden, Oberschenkel, Hüften
Steinbock:	Knie und Gelenke
Wassermann:	Unterschenkel und Kreislauf
Fische:	Füße und alle Feinempfindungen

Auch eine Einteilung in verschiedene besonders ausgeprägte Bewusstseinszustände ist möglich:

Bewusstseinszustände

Widder:	Sehen, Fokussieren, Mut
Stier:	Gehör, Sinn für Natur, Sicherheitsbedürfnis
Zwillinge:	Geruch, Intellekt, Sprache
Krebs:	Geschmack, Geduld, Sorgebedürfnis

Löwe:	Tatkraft, Autoritätsverhalten
Jungfrau:	schwache Nerven, Fleiß, Kritik
Waage:	Empfinden, Gefühl, Sinn für Schönheit
Skorpion:	Moral, Telepathie
Schütze:	Gesetzestreue, Lehren
Steinbock:	Zeitgefühl, Ordnung, Sehnsucht nach Einsamkeit
Wassermann:	Intuition, Esoterik, innovatives Denken
Fische:	Anpassung, Schauspielereien, Instinkt

Man kann die Sternzeichen auch den verschiedenen Lebensabschnitten und den dazu gehörigen Eigenschaften eines Menschen zuordnen:

Lebensabschnitte

Widder:	0-6 Jahre; Wachstum, sich formen
Stier:	7-13 Jahre; Schulzeit, Lernen
Zwillinge:	14-20 Jahre, Lehrzeit
Krebs:	21-27 Jahre; Bewährung, Statusdefinition
Löwe:	28-34 Jahre; Machtgewinn, Ansehen
Jungfrau:	35-41 Jahre; Arbeitserfüllung
Waage:	42-48 Jahre; Erkenntnisse, Harmonie
Skorpion:	49-55 Jahre; Verlusterfahrungen
Schütze:	56-62 Jahre; Weisheit
Steinbock:	63-69 Jahre; letzte Arbeitsaufgaben
Wassermann:	70-76 Jahre; Abgabe der Pflichten, Ruhebeginn
Fische:	77-84 Jahre; Rückzug, Ruhe

Es gibt auch Statistiken über die einzelnen Chancen und diesen gegenüber stehenden Gefahren, die besonders auf die jeweilige Sternzeichen zutreffen:

Chancen und Gefahren

Sternzeichen:	Chancen:	Gefahren:
Widder:	Sieg	Feinde
Stier:	Besitz	Verluste
Zwillinge:	Anerkennung	Stress
Krebs:	Wachstum	Isolierung
Löwe:	Ansehen	Arroganz
Jungfrau:	Voraussicht	Ungerechtigkeit
Waage:	Diplomatie	Verführung
Skorpion:	Selbstbehauptung	Exzesse
Schütze:	Missionen	Erziehungsbedürfnis
Setinbock:	Zielorientierung	Selbstgerechtigkeit
Wassermann:	Reformen	Illusionen
Fische:	Umfassende Liebe	Selbstaufgabe

Dann gab es noch in alten Zeiten eine Einteilung der einzelnen Zeichen in die Jahresabschnitte, denen sie zugeordnet waren:

Die jeweils ersten Abschnitte einer der vier Jahreszeiten wurden als „bewegend“ bezeichnet.
Die dazugehörigen Zeichen waren:
Widder (Frühling), Krebs (Sommer), Waage (Herbst), Steinbock (Winter).

Die jeweils mittleren Abschnitte wurden als „fest“ bezeichnet. Das wären:
Stier (Frühling), Löwe (Sommer), Skorpion (Herbst) und Wassermann (Winter).

Die letzten Abschnitte galten als „angleichend“: Zwillinge (Frühling), Jungfrau (Sommer), Schütze (Herbst), Fische (Winter).

Die Sternzeichen wurden damals nach vielen verschiedenen Vorlieben gedeutet, von denen wir an dieser Stelle nur einige wiedergeben möchten:

Als **menschbezogen** galten: Zwillinge, Jungfrau, Schütze und Wassermann. **Tierbezogen** waren: Widder, Stier, Krebs, Löwe, Skorpion, Steinbock, Fische. Das **ausgleichende Zeichen** zwischen Mensch und Tier war die Waage. Als **Mischzeichen** wurde der Schütze definiert.

Früher wurde ebenfalls eine Unterteilung in fruchtbar und unfruchtbar getroffen: **Fruchtbar** waren: Krebs, Skorpion und Fische. **Unfruchtbar** waren: Zwillinge und Jungfrau.

Die Himmelsrichtungen wurden früher auch zur Klassifizierung der Zeichen herangezogen: **Nördliche Zeichen** sind: Widder, Stier, Zwillinge, Krebs, Löwe, Jungfrau. **Südliche Zeichen** sind: Waage, Skorpion, Schütze, Steinbock, Wassermann und Fische.

Als besonders **heftig** gelten Widder, Skorpione, Steinböcke und Wassermänner, während Waagen und Fische als **sanft** eingestuft werden.

Günstlinge des Schicksals sollten Widder, Zwillinge, Löwen, Waagen, Schützen und Wassermänner sein. Es gab keine benachteiligten Zeichen.

Ein besonderes **rhetorisches Talent** sollten übrigens Zwillinge, Jungfrauen, Waagen und Wassermänner haben.

Jedes der Zeichen hatte überdies einen Planeten, der es beherrschte:

Herrschender Planet

Widder:	Mars
Stier:	Venus (nur als Morgenstern)
Zwillinge:	Merkur (nur als Morgenstern)
Krebs:	Mond
Löwe:	Sonne
Jungfrau:	Merkur (nur als Abendstern)
Waage:	Venus (nur als Abendstern)
Skorpion:	Pluto
Schütze:	Jupiter
Steinbock:	Saturn
Wassermann:	Uranus
Fische:	Neptun

Jedes Zeichen hat ein Lebensmotto, das wir Ihnen hier nicht vorenthalten wollen:

Lebensmotto

Widder:	Ich will.
Stier:	Ich fühle.
Zwillinge:	Ich bin bereit.
Krebs:	Ich empfinde.
Löwe:	Ich bin.
Jungfrau:	Ich denke nach und voraus.
Waage:	Ich liebe.

Skorpion:	Ich lebe gefährlich.
Schütze:	Ich führe.
Steinbock:	Ich prüfe.
Wassermann:	Ich hoffe.
Fische:	Ich glaube.

In der Annahme, jeder Mensch habe einen Lebenskern, der die grundsätzliche Einstellung zu den Dingen benennt, wurden auch diese auf die einzelnen Zeichen aufgeteilt:

Lebenskern

Widder:	Ungestümer Kern
Stier:	Beharrlicher Kern
Zwillinge:	Beschwingter Kern
Krebs:	Einfühlender Kern
Löwe:	Großzügiger Kern
Jungfrau:	Vernünftiger Kern
Waage:	Verbindender Kern
Skorpion:	Leidenschaftlicher Kern
Schütze:	Sinnvoller Kern
Steinbock:	Eigensinniger Kern
Wassermann:	Geistiger Kern
Fische:	Hingebungsvoller Kern

Ebenso bestand die Annahme, jeder Mensch werde durch ein einziges Gefühl ein Leben lang motiviert:

Grundgefühl

Widder:	Aufbruch
Stier:	Sicherung
Zwillinge:	Begegnung
Krebs:	Wachstum
Löwe:	Reife
Jungfrau:	Ernte
Waage:	Ausgleich
Skorpion:	Selbstbehauptung
Schütze:	Erwartung
Steinbock:	Anstrengung
Wassermann:	Beschwingtheit
Fische:	Wandlung

Welches Sternzeichen hat welche Aufgabe, die der Mensch in seinem Leben zu bewältigen hat?

Lebensaufgabe

Widder: Anführen, Beginnen, den entscheidenden Schritt wagen, an die Spitze streben
Stier: Sicherung, Erhaltung der Natur, Vorsorge, Lebensfreude
Zwillinge: Begegnungen vermitteln, Bindungen stärken, Gegensätze ausgleichen
Krebs: Wachstum fördern, Beistehen, Psychologie vermitteln
Löwe: Führen, Vaterfigur, Güte
Jungfrau: Vorsorgen, vernünftiges Leben
Waage: Wärme geben, Kunstförderung, Lebensfreude vermitteln
Skorpion: Einsatz, Mut, Gefahr trotzen

Schütze: Gerechtigkeit, Suche nach Sinn, Weisheit
Steinbock: Durchhalten, Stützen, Erhalten
Wassermann: Hohe Ziele haben, die Quadratur des Kreises versuchen
Fische: Hoffnung bringen, Mitleid, Liebe und Hingabe

Wo liegen die größten Risiken für die einzelnen Zeichen?

Risiken

Widder:	Ich-Verschwendung
Stier:	Keine Ich-Entwicklung
Zwillinge:	Keine Träume
Krebs:	Nicht hart gegen sich selbst
Löwe:	Ich-Überschätzung
Jungfrau:	Enger Horizont
Waage:	Sich verlieren
Skorpion:	Sich als Zentrum der Welt sehen
Schütze:	Ressourcen verschwenden
Steinbock:	Nicht verzeihen können
Wassermann:	Zu viele Fragen stellen
Fische:	Der letzte Ausweg ist die Flucht

Wir haben in den oben stehenden Auflistungen viel über die schwachen Punkte der einzelnen Zeichen erfahren. Aber was kann man tun, um diese offensichtlichen Schwachstellen in Stärken umzuwandeln?

Schwächen in Stärken verwandeln

Widder: Sie wollen sich keine unnötigen Feinde schaffen, das liegt mit Ihrer manchmal übereifrigen, leicht aufbrausenden Art nicht in Ihrer Absicht. Sie werden einsehen müssen, dass unverblümte Offenheit nicht immer angebracht ist, vor allem nicht bei Menschen, die Sie nicht kennen. Es geht weniger um das, was Sie tun, als um das Wie. Bellen Sie Ihre Anweisungen nicht mehr, geben Sie sie mit einem Lächeln. Und vor allem: lassen Sie auch andere Meinungen als Ihre eigene zu.

Stier: In Ihrer gnadenlosen Geradlinigkeit ecken Sie oft an. Erwägen Sie den Einsatz von etwas verschlungeneren Pfaden, da diese auch andere Menschen zu Reaktionen veranlassen. Beziehen Sie auch andere Lösungsmöglichkeiten als die von Ihnen vorgeschlagene mit ein, Sie werden erkennen, dass Ihr Weg nicht immer der einzig Richtige ist. Außerdem wird man plötzlich das Wort „flexibel" mit Ihnen in Verbindung bringen.

Zwillinge: Man sagt, Sie seien wankelmütig und zerstreut, was aber im Grunde nur daran liegt, dass sie voraus denken. Ihre Mitmenschen entwickeln deshalb eine Tendenz dazu, Ihnen Ihre Ideen zu stehlen und sie als ihre eigenen zu verkaufen. Die Lösung ist, zunächst in kleinen, auch für Ihre Umgebung nachvollziehbaren Schritten vorauszudenken. Sichern Sie Ihre Ideen ab und vermeiden Sie Gedankensprünge.

Krebs: Ihr Problem ist, dass Sie nicht nein sagen können, und so werden Sie leicht ausgenutzt. Man fehlinterpretiert Ihre Anpassungsfähigkeit leicht als Willenlosigkeit. Gehen

Sie öfter auf Konfrontationskurs, Sie werden sehen, dass Sie sich dadurch nicht unbedingt Feinde schaffen, sondern eher Menschen, die Sie noch mehr respektieren.

Löwe: Ihre größte Schwäche kennen Sie bestimmt genau: Sie wollen bestimmen, und zwar alles. Sollte Ihre Umwelt Ihre Meinung nicht teilen, reagieren Sie mit Persönlichkeitskrisen. Die optimale Lösung wäre, wenn Sie die anderen erst ihre eigenen Fehler machen ließen, denn dann könnten Sie mit Ihren Vorschlägen zur Rettung wieder neue Freunde gewinnen. Sehen Sie also die Dinge etwas gelassener.

Jungfrau: Man sagt, Sie sind eiskalt und unnahbar, vertraut Ihnen aber dennoch wertvolle Dinge zur Aufbewahrung an? Da liegt Ihr Grundproblem. Ihre Zuverlässigkeit wird als Gefühlslosigkeit interpretiert, weil Sie nach außen hin keinen Anteil zu nehmen scheinen. Das dem nicht so ist, sollten Sie öfter mal zeigen. Gefühle in der Offentlichkeit sind keine Schande, sondern nur ein Stück mehr Menschlichkeit.

Waage: Durch Ihr Bedürfnis, alle Dinge im Gleichgewicht zu halten, gelten Sie leicht als ein Mensch, der sich nicht festlegen kann und der zu nichts eine eigene Meinung hat. Vielleicht sollten Sie etwas weniger ausgleichen und etwas mehr eigenen Antrieb zeigen, dann weiß auch Ihre Umwelt, wo sie Sie einzuordnen hat.

Skorpion: Sie haben einen guten Sinn für das Praktische, aber manchmal sind Sie sehr verschlossen und aggressiv. Das Grundproblem besteht darin, dass Sie Ihrer Umwelt nichts zutrauen und alles alleine machen wollen. Wenn dies nicht auf Zustimmung stößt, werden Sie wütend. Also: Lassen Sie Ihre Mitmenschen etwas mehr tun, delegieren Sie. Dann gibt es zum Schmollen keinen Grund mehr.

Schütze: Sie überrumpeln Ihre Mitmenschen mit Ihren Argumenten, Sie lassen niemandem Zeit, wirklich über das von Ihnen Gesagte nachzudenken und sind hinterher enttäuscht, wenn Zusagen nicht eingehalten werden. Lassen Sie Ihrem Gegenüber mehr Zeit zur Entscheidungsfindung, üben Sie sich in Geduld. Dann werden Sie nicht mehr so oft enttäuscht.

Steinbock: Haben Sie sich schon einmal gefragt, warum Andere Ihr Ziel schneller und scheinbar müheloser erreichen als Sie, auch wenn Sie sich noch so sehr bemühen? Sie sind jemand, der schnurstracks aber mit Scheuklappen auf sein Ziel losstürmt und dabei übersehen, dass sich andere listig an Ihnen vorbeimogeln. Also: Öfter mal innehalten und sich umsehen, was die anderen gerade so tun, Bilanz ziehen, Atem holen und weiter.

Wassermann: Sie haben die revolutionärsten Ideen, die auf der Ihnen eigenen Logik beruhen. Das Problem ist, dass genau diese Art von Logik nur von Ihnen verstanden wird. Aus Enttäuschung über die offensichtlich konservative Umwelt ziehen Sie sich zurück und setzen eine Maske auf. Wie wäre es, wenn Sie statt dessen einfach beginnen, Ihre Ideen in die Praxis umzusetzen und so Ihren Mitmenschen zeigen, dass sie doch logisch sind?

Fische: Alle weinen sich bei Ihnen aus, aber Sie haben niemanden, der Ihre Sorgen und Nöte mit Ihnen teilt? Sie fühlen sich vernachlässigt und unverstanden. Ein Schritt in die richtige Richtung wäre es, wenn Sie Ihren Mitmenschen Ihre Unterstützung verweigern, wenn es Ihnen selbst nicht so gut geht und das auch so äußern. Ein wenig mehr Egoismus schadet ganz und gar nicht.

Dann gibt es auch noch die Unterteilung der Sternzeichen in drei Gruppen: Die Kreativen, die Gestalter und die Optimierer.

1. Die Gruppe der Kreativen

Dazu gehören Schütze, Steinbock, Wassermann und Fische. Diese Zeichen haben sehr viel Fantasie und gebrauchen sie auch, indem sie sich schöne neue Welten bauen und den Blick immer in die Zukunft gerichtet halten. Alles, was neu ist, übt einen nahezu unwiderstehlichen Reiz auf diese Gruppe aus. Das Außergewöhnliche zieht sie magisch an, das Traditionelle stößt sie dagegen eher ab. Es geht ihnen darum, Dinge anders zu machen als bisher, andere Wege zum Ziel zu finden, die vorher noch nicht begangen wurden.

Es gibt aber zwischen den einzelnen Sternzeichen der Kreativen feine Unterschiede. Der Schütze erstrebt das Ziel des Neuen durch Vorwärtsstürmen. Der Steinbock geht hier eher schrittweise vor. Der Wassermann legt auch ein beachtliches Tempo an den Tag, überlegt dabei aber mehr als der Schütze. Der Fisch sichert sich unterwegs immer wieder ab, indem er die Vergangenheit in sein Streben mit einbezieht. Gemeinsam ist allen Vieren jedoch das Reisen ins Morgen, zu neuen Systemen, neuen Ideen und neuen Strukuren.

2. Die Gruppe der Gestalter

Hierzu gehören Widder, Stier, Zwillinge und Krebs. Gestalter verabscheuen Theorie, sie wollen bauen, schaffen und dabei experimentieren. Sie versuchen, Dinge zum Funktionieren zu bekommen, und das mit einer gehörigen Portion Ungeduld.

Die Unterschiede zwischen den einzelnen Zeichen sind nur minimal. Der Widder muss immer etwas tun, schaffen, bauen. Der Stier will das auch, muss jedoch zuerst das ihm eigene Trägheitsmoment überwinden. Der Zwilling wird sich immer über zu viel Arbeit beschweren, aber wehe, man nimmt sie ihm weg. Der Krebs sichert sich ab, überprüft, ob das, was er da gebaut hat, auch standfest ist.

3. Die Gruppe der Optimierer

Dazu gehören Löwe, Jungfrau, Waage und Skorpion. Es sind die Erhalter und Bewahrer bestehender Werte. Sie kümmern sich um jedes Detail, versuchen Aufgaben perfekt zu erledigen und sind in Allem unglaublich präzise. Dabei stoßen sie zwangsläufig auf die Fehler anderer, was sie wiederum nicht akzeptieren können.

Es gibt auch hier einige Unterschiede. Der Löwe zeigt seine Überlegenheit sehr offen. Dabei ist er bedächtig und fleißig in dem, was er tut.. Die Jungfrau will alles alleine machen, dabei leistet sie dann auch mehr als die anderen Zeichen. Die Waage hat immer Alternativen parat, sie legt sich nie auf nur einen möglichen Weg fest. Der Skorpion geht sehr systematisch vor, er zerlegt alles in kleine handliche Arbeitsschritte, denn er mag keine Überraschungen.

ANHANG

Glückszahlen - Wegweiser im Alltag

Wer hat nicht schon als Kind in der Schule mit den Freunden und Freundinnen nach Mustern, die man sich tuschelnd weiterreichte, versucht, aus dem eigenen Namen oder dem eines anderen bestimmte Charaktereigenschaften und Ereignisse zu deuten?

Plötzlich machte da die Mathematik viel mehr Spaß als im Unterricht, und eifrig addierte man die geheimnisvollen Zahlen, um dann mit Spannung die „Schicksalszahl" in Händen zu halten. Diese sollte einem Aufschluss darüber geben, wie man selbst war, was die Zukunft bringen würde, ob man Freund oder Freundin vertrauen durfte und natürlich z. B. auch, ob man darauf hoffen konnte, mit dem „Schwarm" zusammenzukommen, ob es da Übereinstimmungen gab, die ein glückliches Ende versprachen.

Nun, man mag diesen Zeitvertreib gern mit nostalgischem Blick als „Spielereien" abtun, es ist aber kaum zu leugnen, dass uns die Numerologie, vorausgesetzt sie wird seriös betrieben, durchaus hilfreiche und oft auch überraschend genaue Aussagen über unser Schicksal und das anderer geben kann. Wenn man sie nach bestimmten, sorgfältig ausgearbeiteten und oft erprobten Methoden anwendet, ist sie ein zuverlässiger Wegweiser im Dschungel des Alltags. Sie soll - wie auch die Astrologie - gerade in unsicheren Situationen Lebenshilfe sein, erhebt jedoch nie den Anspruch darauf, absolute Voraussagen machen zu können oder Hellseherei zu betreiben. Besonders in Verbindung mit anderen Orientierungshilfen, wie eben z. B. der Astrologie, kann man sich so ein umfassendes Bild von sich selbst und seinen Mitmenschen machen.

Am besten, man probiert es einfach mal aus, und man wird merken, welche Wahrheiten da plötzlich zu Tage treten und wie überraschend exakt dieses Wissen sein kann. Und nicht zuletzt soll die Beschäftigung mit den Zahlen ja auch Spaß machen (denken Sie an die Kindertage!), wieso sich also nicht einmal einen langweiligen Abend damit vertreiben oder eine Party mit Bekannten und Freunden so richtig in Schwung bringen.

Wie berechne ich meine Glückszahlen?

Wir wollen hier auf die Glückszahlen eingehen, die sich aus dem Namen bzw. dem Geburtsdatum errechnen lassen. Diese beiden schicksalhaften Fakten im Leben eines jeden Menschen, auf die niemand Einfluss hat, bestimmen ganz besonders sein Schicksal und stellen die wichtigsten Pfeiler der Numerologie dar. Name und Geburtsdatum sind sozusagen die Samen, die alle Informationen schon in sich tragen, d. h. also die Eigenschaften des Einzelnen bestimmen, und aus denen sich dann weiter, je nach Entwicklungsstadium und dem Fluss der Zeit, Aussagen über den jeweiligen Zustand zu einem bestimmten Zeitpunkt machen lassen.

Man muss kein großer Mathematiker sein oder gar Einstein nacheifern, um sich seine Glückszahlen zu errechnen. Es reicht, wenn man die Zahlen von 1 bis 9 addieren kann und mit etwas Sorgfalt an die Sache herangeht. Wichtig ist außerdem, dass man seinen ganzen Namen, also so wie er auf der Geburtsurkunde steht, sowie das genaue Geburtsdatum für die Berechnung verwendet und keine Pseudonyme oder Abkürzungen.

Aus dem Namen errechnet man die NAMENSZAHL, die durch HÜLLENZAHL und KERNZAHL näher bestimmt wird. Das Geburtsdatum ist für sich allein gesehen die Grundlage zur Berechnung der ENTWICKLUNGSZAHL. In Verbindung mit einem bestimmten Zeitpunkt bzw. Datum im Leben gibt es auch Aufschluss über die Möglichkeiten, die sich einem in dem betreffenden Jahr, Monat oder sogar an dem betreffenden Tag eröffnen. Dies führt einen also zur persönlichen JAHRES-, MONATS- sowie TAGESZAHL.
Und so wird's gemacht:

Die Namenszahl

Die Namenszahl gibt uns einen Überblick darüber, welche Eigenschaften ein Mensch ganz allgemein hat, welche Grundvoraussetzungen er für das Abenteuer Leben mitbringt.

Verglichen mit der Astrologie kann man sagen, dass man durch die Namenszahl etwas über die charakterlichen Grundtendenzen erfährt, die in der Astrologie durch Aszendent, Planetenstellung usw. näher bestimmt wird.

In der Numerologie übernimmt diese genauer definierende Rolle die Hüllen- bzw. die Kernzahl, die weiter unten eingehender beschrieben wird.

Das Interessante an der Sache ist, dass die Summe von Hüllen- und Kernzahl immer auch die ursprüngliche Namenszahl ergibt, wie später gezeigt wird.

Berechnung der Namenszahl

Um die Namenszahl, und später auch die Hüllen- und Kernzahl berechnen zu können, muss jedem Buchstaben entsprechend seiner Position im Alphabet eine bestimmte Zahl zugeordnet werden. Diese Zahl kann aus folgender Tabelle abgelesen werden:

1	2	3	4	5	6	7	8	9
A	B	C	D	E	F	G	H	I
J	K	L	M	N	O	P	Q	R
S	T	U	V	W	X	Y	Z	

Da zweistellige Zahlen auf eine Ziffer reduziert werden, kommt J (10 = 1 + 0 = 1) wieder die 1 zu usw. usf.

Mit Hilfe dieser Tabelle wird nun jedem Buchstaben des vollständigen Namens laut Geburtsurkunde eine Zahl zugeordnet. Diese Zahlen werden dann addiert. Sollte das Ergebnis, also die Summe all dieser Zahlen wieder mehrstellig sein, so werden auch die einzelnen Ziffern dieser Summe wieder addiert, bis eine einzige Zahl übrigbleibt, das ist dann die Namenszahl. Man kann der Einfachheit halber sowohl die Glieder des Namens, also Vor-, Mittel- und Nachnamen, getrennt berechnen, und die Ergebnisse am Schluss wiederum addieren, oder aber den ganzen Namen auf einmal. Das Endergebnis wird sich immer gleich bleiben.

Zur Verbildlichung ein Beispiel mit dem Namen Anna Maria Koch:

A N N A		M A R I A		K O C H
1 5 5 1		4 1 9 9 1		2 6 3 8
12		24		19
3		6		10
3	+	6	+	1
		10		
		1		

Anna Maria Koch hat also die Namenszahl 1.
Und das verraten die Namenszahlen über die Eigenschaften des Namensträgers:

1
Führungsqualitäten,
Stärke,
Durchsetzungskraft,
Unabhängigkeit

2
Sensibilität,
Gefühle,
diplomatisches Handeln,
Einfühlungsvermögen, Friedensliebe

3
Wortgewandtheit,
Jugendlichkeit,
Selbstbewusstsein,
Aktivität,
Vielseitigkeit,
Lebenslust

4
Geduld,
Fleiß,
Arbeitsamkeit,
Sorgfalt,
Detailtreue,
Durchhaltevermögen

5
Freiheitsdrang,
Abwechslung,
Reiselust,
Flexibilität,
Neugier,
Forschergeist,
Toleranz,
Fortschrittlichkeit

6
Erdverbundenheit,
Harmonie,
Familiensinn,
Stabilität,
Verantwortungsbewusstsein,
Ästhetik

7
Verstand,
Logik
analytisches Denken
und Handeln,
Genauigkeit,
Wissensdurst,
Philosophie
Verantwortungsbewusstsein,

8
Erfolg,
organisatorisches Handeln,
Systemdenken,
Selbstsicherheit,
Tatkraft,
Realitätssinn
Karierre

9
Großmut,
Freigiebigkeit,
Kunstliebe,
Einfluss,
philantropisches Denken
und Handeln,
Mitgefühl,
Emotionalität
Optimismus
Idealismus

Die Hüllenzahl

Nun ist es aber so, dass viele Menschen, die dieselbe Namenszahl haben, trotzdem völlig unterschiedlich reagieren. Wie bereits erwähnt, stellt die Namenszahl nämlich nur die Grundtendenzen eines Charakters dar. Ein wichtiger Faktor zur näheren Bestimmung ist die Hüllenzahl. Sie gibt Aufschluss darüber, wie sich ein Mensch nach außen gibt und präsentiert. Seine Wirkung auf die Umgebung, d. h. wie ihn seine Mitmenschen sehen, wird von dieser Zahl bestimmt.

Berechnung der Hüllenzahl

Die Hüllenzahl wird wie die Namenszahl mit Hilfe der Alphabet-Tabelle berechnet. Dabei werden jedoch nur den Konsonanten des Namens Zahlen zugeteilt, die Vokale bleiben unberücksichtigt. Ansonsten geht man genauso vor, wie bei der Namenszahl. Man kann also die Namensglieder einzeln errechnen und dann addieren, oder aber den ganzen Namen auf einmal verwenden.

A N N A		M A R I A		K O C H
- 5 5 -		4 - 9 - -		2 - 3 8
10		13		13
1	+	4	+	4
		9		

Anna Maria Koch hat also die Hüllenzahl 9.

Die einzelnen Hüllenzahlen sagen folgendes über die Wirkung des Namensträgers auf seine Umgebung aus:

1
Originalität,
Waghalsigkeit,
Konkurrenzdenken,
Unabhängigkeit,
Willensstärke

2
Aufmerksamkeit,
Diplomatie,
Teamfähigkeit,
Mitgefühl,
Sensibilität,
Verständnis, Zuhören

3
Eloquenz,
Leichtigkeit,
Unterhaltsamkeit,
Freundlichkeit,
Witzigkeit,
Optimismus

4
Zuverlässigkeit,
Loyalität,
Disziplin,
Beharrlichkeit,
Arbeitsfreude,
praktisches Handeln

5
Modernität,
Aufgewecktheit,
Unternehmungslust,
Facettenreichtum,
Individualität

6
Gerechtigkeit,
Hilfsbereitschaft,
Anpassungsfähigkeit,
Verantwortungsbewusstsein

7
Vertrauen,
analytisches Denken,
Präzision,
Selbstsicherheit,

8
Effektivität,
Diszipliniertheit,
Erfolg,
Zufriedenheit,
Bescheidenheit

9
Großzügigkeit,
Offenheit,
Freundlichkeit,
Liebenswürdigkeit,
Sympathie,
Vertrautheit

Die Kernzahl

Neben der Hüllenzahl ist jedoch für die Beschreibung einer ganzen Persönlichkeit die Kernzahl ebenso wichtig. Sie gibt Auskunft über die inneren Werte, das Gefühlsleben und die Wünsche des Menschen sowie seine verborgenen Talente. Die Kernzahl beschreibt also, welche Eigenschaften den Einzelnen zu seinem Handeln anregen, was ihn motiviert.

Berechnung der Kernzahl

Wie bei der Hüllenzahl werden hier nur bestimmte Buchstaben des Namens zur Berechnung herangezogen, diesmal sind es die Vokale. Auch hier wiederum gibt es dieselben Möglichkeiten des Addierens wie bei Namens- oder Hüllenzahl, also getrennt nach Namensgliedern oder insgesamt.Für unser Beispiel Anna Maria Koch sieht das folgendermaßen aus:

A N N A		M A R I A		K O C H
1 - - 1		- 1 - 9 1		- 6 - -
2		11		6
2	+	2	+	6
		10		
		1		

Anna Maria Koch hat also die Kernzahl 1.

Nebenbei sei noch bemerkt, dass dieses Beispiel auch die Tatsache verdeutlicht, dass Hüllen- und Kernzahl zusammen wieder die Namenszahl ergibt:

Hüllenzahl + Kernzahl = Namenszahl

9 + 1 = 10 = 1

Über die Motivationshintergründe des Namensträgers erfahren wir durch die Kernzahl folgendes:

1
Einfallsreichtum und Willensstärke, um anderen den Weg zu weisen und im Konkurrenzkampf zu bestehen

2
Einfühlungsvermögen, Sensibilität und Vermittlungsfähigkeit, um gemeinsame Ziele zu erreichen

3
Ideenreichtum und Optimismus, um kreativ tätig zu sein und andere zu unterhalten

4
Opferbereitschaft, Disziplin und Durchhaltevermögen, um vernünftige Ziele zu erreichen und Pläne zu verwirklichen

5
Antriebskraft, Neugier und vielseitiges Interesse, um möglichst viel zu erleben und neue Horizonte zu eröffnen

6

Flexibilität und Friedfertigkeit, um harmonisch mit den Mitmenschen zu leben und Streit zu vermeiden

7

Wahrheitsliebe und Verstand, um dem Lebenssinn auf den Grund zu gehen und rational zu denken

8

Tatkraft, Konzentration und Energie, um gezielt Erfolg und Macht zu erlangen

9

Großmut, Einfluss und Charme, um anderen zu helfen und dadurch Anerkennung zu bekommen

Die Entwicklungszahl

Das Leben jedes Menschen ist durch Entwicklung bestimmt. Um vorwärts zu kommen, d. h. nicht zu stagnieren und auf der Stelle zu treten, sondern sich in allen möglichen Bereichen weiterzuentwickeln, müssen die meisten hart an sich arbeiten und auch Unangenehmes durchmachen, was oft Überwindung kostet.

Die Entwicklungszahl gibt Aufschluss darüber, was man ganz besonders beachten muss, woran speziell gearbeitet werden muss, damit diese Entwicklung erfolgreich vor sich gehen kann und die Chancen im Leben wahrgenommen werden können.

Das ist bei jedem verschieden, der eine muss lernen, sich und seine Gefühle besser im Zaum zu halten, ein anderer, mehr auf seine Mitmenschen einzugehen, ein Dritter vielleicht, die Dinge aktiver und energischer anzugehen.

So hat jeder bestimmte Probleme zu bewältigen und Lektionen zu lernen, damit er sich entsprechend entfalten kann und alle Chancen zu nutzen. Mit Hilfe der Entwicklungszahl, die ihm die Richtung weist, kann er dies zielbewusst tun, und dabei ist unwichtig, wann er damit anfängt. Man ist schließlich nie zu alt, um dazuzulernen.

Berechnung der Entwicklungszahl

Zur Berechnung der Entwicklungszahl braucht man nur das genaue Geburtsdatum. Die Monate werden durchnumeriert, angefangen beim Januar. Für die Monate, die eine zweistellige Zahl erhalten, reduziert man diese wieder auf eine Ziffer, wie das schon weiter oben bei den Namenszahlen erläutert wurde. So erhält man:

Januar	1	Mai	5	September	9
Februar	2	Juni	6	Oktober	1
März	3	Juli	7	November	2
April	4	August	8	Dezember	3

Nun addiert man alle Zahlen des Geburtsdatums und verfährt wie auch schon beim Namen, bis man zum Schluss eine einzige Ziffer erhält.

Dabei ist wieder irrelevant, ob man alle Zahlen des Geburtsdatums zusammenzählt oder zur Vereinfachung Tag, Monat und Jahr getrennt, um sie dann am Ende zu addieren. Als Beispiel wurde angenommen, Anna Maria Koch sei am 17. 10. 1963 geboren:

17		Oktober		1963
8		1		19
8	+	1	+	1
		10		
		1		

Die Entwicklungszahl ist hier also 1.
Und die einzelnen Entwicklungszahlen bezeichnen, worauf man im Leben besonders achten sollte, was man lernen kann:

1
selbstbewusst, stark und unabhängig zu sein,
für seine Ziele und Pläne zu kämpfen
und andere zu leiten

2
kooperativ und diplomatisch zu sein,
mit anderen an einem Strang zu ziehen
und nicht egoistisch zu sein

3
fröhlich, optimistisch und mit Selbstvertrauen an die
Dinge heranzugehen, mit anderen zu reden

4
Dinge sorgfältig, gründlich und praktisch anzupacken
und mit Geduld zu Ende zu führen ohne aufzugeben

5
Veränderungen offen gegenüber zu stehen,
flexibel und spontan zu handeln

6
ausgleichend und versöhnend auf andere einzuwirken,
mit Verantwortungsbewusstsein Frieden und Harmonie
herzustellen

7
Respekt anderen gegenüber zu zeigen,
den Dingen mit Verstand auf den Grund zu gehen

8
Gefühlsausbrüche im Zaum zu halten,
Disziplin zu üben, um so zum Erfolg zu gelangen

9
selbstlos und großzügig zu sein,
anderen eine Stütze zu sein
und ihnen in der Not zu helfen

Die Jahreszahl

Über die Jahreszahl kann man erfahren, wo man in einem 9-Jahreszyklus, der beim Tag der Geburt angefangen hat, genau steht.

Sie gibt Aufschluss darüber, wie man in diesem Jahr handeln sollte, welche Möglichkeiten einem offenstehen, welche Chancen man ergreifen sollte und überhaupt, wie man sich verhalten sollte.

Berechnung der Jahreszahl

Bei der Berechnung der Jahreszahl geht man ähnlich vor, wie bei der Bestimmung der Enwicklungszahl, allerdings nimmt man hier das Datum des zuletzt gefeierten Geburtstages zur Grundlage.

Ansonsten gelten die gleichen Regeln wie zuvor.

Anna Maria Koch möchte also z. B. wissen, was ihr in diesem persönlichen Jahr bevorsteht. Sie hatte am 17. 10.1996 zum letzten Mal Geburtstag:

17		Oktober		1996
8		1		25
8	+	1	+	7
		16		
		7		

Anna Maria Koch befindet sich zur Zeit also in ihrem 7. Jahr.

Und das bedeuten die Jahreszahlen im 9-Jahre-Rhythmus:

1
es herrscht Aufbruchstimmung,
ein neuer Anfang steht ins Haus,
jetzt heißt es, mit frischen Kräften Neues zuschaffen

2

Liebe und Gemeinsamkeit beherrschen dieses Jahr, auch eine Zeit der Ruhe und des Nachdenkens

3

Kontakte werden geknüpft,
man kommt gut an,
ist für andere unterhaltsam
und für sich selbst ebenfalls kreativ

4

harte Arbeit wartet,
mit Sorgfalt kann ein Fundament gebaut werden

5

dieses Jahr ist voller Überraschungen,
Veränderungen finden statt,
man kann sich von alten Lasten befreien

6

Familie, alte Freundschaften
und Vergnügungen stehen im Mittelpunkt, Harmonie
und Einigkeit sind wichtig

7

ein Jahr des Nachdenkens
über eigene Wünsche und Ziele
sowie den Punkt, den man hierbei bisher erreicht hat

8

Zeit zum Handeln,
mit Energie und Tatkraft erreicht man vieles,
was man sich zum Ziel gesetzt hat

9
alte Zöpfe werden abgeschnitten,
unnützer Balast abgeworfen,
viel Zeit für die Mitmenschen, denen man gerne hilft

Die Monatszahl

Um etwas darüber zu erfahren, was ein bestimmter Monat des persönlichen Jahres bringt, muss man die Monatszahl errechnen.

Sie zeigt die Veränderungen an, die sich im Laufe eines Jahres ergeben.

So kann sie hilfreich sein, wenn es z. B. darum geht zu entscheiden, wann man eine bestimmte Sache angehen sollte oder wann dies besonders ungünstig ist.

Berechnung der Monatszahl

Für die Berechnung der Monatszahl braucht man die Jahreszahl, die man wie oben beschrieben errechnet.

Zusätzlich verwendet man die entsprechenden Ziffern für die einzelnen Monate, was unter den Entwicklungszahlen schon erläutert wurde.

Dabei wird das Jahr in 12 individuelle Monate unterteilt, denen dann die entsprechenden Zahlen zugeordnet werden.

Anna Maria Kochs persönlichen Monate werden wie folgt ermittelt:

17. Oktober	-	16. November	= 10	= 1
17. November	-	16. Dezember	= 11	= 2
17. Dezember	-	16. Januar	= 12	= 3
17. Januar	-	16. Februar	= 1	
17. Februar	-	16. März	= 2	
17. März	-	16. April	= 3	
17. April	-	16. Mai	= 4	
17. Mai	-	16. Juni	= 5	
17. Juni	-	16. Juli	= 6	
17. Juli	-	16. August	= 7	
17. August	-	16. September	= 8	
17. September	-	16. Oktober	= 9	

Nun wird zu den so erhaltenen Zahlen die Jahreszahl addiert, was zur Monatszahl führt. Hat der nachfolgende Monat weniger Tage (z. B., wenn man an einem 29., 30. oder 31. geboren ist, rechnet man mit dem letzten Tag des nachfolgenden Monats.
Anna Maria Koch möchte also z. B. erfahren, was ihr in der Zeit vom 17. Mai bis zum 16. Juni ihres 7. persönlichen Jahres bevorsteht:

17. Mai - 16. Juni + Jahreszahl

5 + 7

12

3

Die Monatszahl für diesen Zeitpunkt beträgt demnach 3.

Das sagen die einzelnen Monatszahlen über die Aussichten aus, die einen erwarten:

1
der Monat, um unabhängig und souverän Neues zu wagen, sich mit Elan durchzusetzen

2
Gemeinschaftssinn, Zusammenhalt und Treue helfen, diese Zeit des Abwartens gut zu überbrücken

3
mit wortgewandten Reden und guten Einfällen können Hindernisse aus dem Weg geräumt werden

4
eine Zeit, um Ordnung zu schaffen, Versäumtes nachzuholen und Theorie in Praxis umzusetzen

5
Spaß und Abwechslung stehen an, Unerwartetes kann passieren, eine günstige Zeit zum Reisen

6
Zeit für tiefe Gefühle, Liebe und Geborgenheit, in zwischenmenschlichen Beziehungen werden Wogen geglättet

7
eine Zeit, um in sich zu gehen, über seinen Standpunkt nachzudenken und die Lage zu analysieren

8
mit voller Kraft voraus den Gipfel stürmen führt jetzt zum erwünschten Erfolg

9
die richtige Zeit, Dinge zu Ende zu bringen und neue Pläne für die Zukunft zu schmieden, aber auch an andere zu denken

Die Tageszahl

Zu guter Letzt wollen wir noch auf die Bedeutung der Tageszahlen eingehen.

Damit kann für einen ganz bestimmten Tag entschieden werden, ob er für die Verwirklichung eines Planes oder eines Vorhaben günstig ist, oder ob man vielleicht lieber doch noch etwas abwartet.

Dabei sollte man jedoch beachten, dass die aussagekräftigsten Hilfestellungen durch eine Kombination der verschiedenen Glückszahlen gegeben werden kann, dann also, wenn man sowohl Jahres-, als auch Monats- und Tageszahl zu Rate zieht.

Berechnung der Tageszahl

Die Tageszahl ist ganz einfach zu errechnen mit Hilfe der Jahreszahl und der Tabelle für die Monate, bereits bekannt aus den oberen Kapiteln. Auch hier werden die Ziffern addiert, bis nur noch eine übrigbleibt.
Für den 13. Februar ihres 7. persönlichen Jahres errechnet Anna Maria Koch die Tageszahl folgendermaßen:

13 Januar + Jahreszahl

4 +1 + 7

12

3

Die Tageszahl für Anna Maria ist folglich 3.

Und diese Ratschläge sollte man entsprechend der Zahl an dem bestimmten Tag befolgen:

1
energisches Handeln und Aktivität sind angesagt

2
Gelassenheit und Teamwork bringen weiter

3
sich zu Wort melden hilft, seine Ideen durchzusetzen

4
mit Fleiß und Schweiß kommt man heute ans Ziel

5
unerwartete Ereignisse bringen Abwechslung und Spaß

6
mit Einfühlungsvermögen und Geduld erreicht man viel

7
eine Pause zum Nachdenken hilft auf die Sprünge

8
wichtige Dinge lassen sich heute erledigen

9
dieser Tag sollte mit guten Freunden geteilt werden

Inhalt